Terminologische Schriftenreihe
herausgegeben vom Auswärtigen Amt
der Bundesrepublik Deutschland
Band 5

Terminological Series
issued by the Foreign Office
of the Federal Republic of Germany
Volume 5

Série de publications terminologiques
du Ministère des Affaires étrangères
de la République fédérale d'Allemagne
tome 5

Publicaciones terminológicas
editadas por el Ministerio de Relaciones Exteriores
de la República Federal de Alemania
Volumen 5

Терминологическое серийное издание
Министерства иностранных дел
Федеративной Республики Германии
Том 5

Serija terminoloških izdanja
Ministarstva inostranih poslova
Savezne Republike Nemačke
Tom 5

Walter de Gruyter · Berlin · New York 1992

Seerecht

Terminologie des Seerechtsübereinkommens
zusammengestellt vom Sprachendienst des Auswärtigen Amts
der Bundesrepublik Deutschland

Law of the Sea

Terminology of the Convention on the Law of the Sea
compiled by the Language Services Division of the Foreign Office
of the Federal Republic of Germany

Droit de la mer

Terminologie de la Convention sur le droit de la mer
établie par les Services linguistiques du Ministère des Affaires étrangères
de la République fédérale d'Allemagne

Derecho del Mar

Terminología de la Convención sobre el Derecho del Mar
elaborada por el Servicio de Idiomas del Ministerio de Relaciones Exteriores
de la República Federal de Alemania

Морское право

Терминология Конвенции по морскому праву
составлена службой переводов Министерства иностранных дел
Федеративной Республики Германия

Pravo mora

Terminologija Konvencije o pravu mora
uredila Jezička služba Ministarstva inostranih poslova
Savezne Republike Nemačke

Walter de Gruyter · Berlin · New York 1992

⊚ Gedruckt auf säurefreiem Papier,
das die US-ANSI-Norm über Haltbarkeit erfüllt.

Die Deutsche Bibliothek – CIP-Einheitsaufnahme

Seerecht : Terminologie des Seerechtsübereinkommens
= Law of the sea / zsgest. vom Sprachendienst des Auswärtigen
Amts der Bundesrepublik Deutschland. –
Berlin ; New York : de Gruyter, 1992
(Terminologische Schriftenreihe ; Bd. 5)
ISBN 3-11-013564-7

NE: Deutschland / Auswärtiges Amt / Sprachendienst; PT;
Terminological series

Printed in Germany

Druck: Gerike GmbH, Berlin
Buchbinderische Verarbeitung: Dieter Mikolai, Berlin

Hinweise zur Benutzung

Das Glossar „Seerecht" in sechs Sprachen enthält Fachtermini und Bezeichnungen aus dem am 10. Dezember 1982 beschlossenen Seerechtsübereinkommen der Vereinten Nationen.

Die Einträge in den Sprachen Englisch, Französisch, Spanisch und Russisch stammen aus den amtlichen Fassungen des Seerechtsübereinkommens. Als Grundlage für die deutschen Einträge diente die zwischen den deutschsprachigen Staaten vereinbarte Übersetzung des Übereinkommens. Die serbokroatischen Einträge beruhen auf der im Amtsblatt der Sozialistischen Föderativen Republik Jugoslawien Nr. 1/86 vom 10. Januar 1986 veröffentlichten Übersetzung.

Das Glossar besteht aus zwei Teilen:

- Hauptteil: Der Hauptteil geht von den deutschen Benennungen aus und enthält neben den fremdsprachigen Äquivalenten gegebenenfalls eine Definition und einen Hinweis auf in Österreich (AT) bzw. der Schweiz (CH) benutzte abweichende Bezeichnungen. Ferner sind jeweils die Fundstellen angegeben, z. B. SRÜ VI/Art. 76 (Teil VI Artikel 76) oder SRÜ Anl. II/Art. 3 (Anlage II Artikel 3).
- Indizes: Die sechs alphabetischen Indizes enthalten Benennungen in deutscher, englischer, französischer, spanischer, russischer und serbokroatischer Sprache mit einem numerischen Verweis auf die Einträge im Hauptteil. Im deutschen Index erscheinen nur solche Benennungen, die in dieser Form nicht über den Hauptteil erschließbar sind.

  Bei den Indizes ist zu beachten, daß die alphabetische Folge sich aus technischen Gründen in allen Sprachen nach dem deutschen Alphabet richtet, wobei Umlaute und Buchstaben mit diakritischen Zeichen wie die jeweiligen Grundbuchstaben behandelt werden.

Die in diesem Glossar verwendeten Sprachen- und Länderzeichen entsprechen den Normen DIN 2335 bzw. DIN 3166.

Die im Verlag C. H. Beck erschienene Textausgabe „Internationales Seerecht" (München 1990) enthält die englische Originalfassung des Seerechtsübereinkommens und der Schlußakte der Dritten Seerechtskonferenz der Vereinten Nationen sowie deren amtliche deutsche Übersetzung.

How to use the glossary

This six-language glossary contains terms and designations from the United Nations Convention on the Law of the Sea concluded on 10 December 1982.

The English, French, Spanish, and Russian entries have been taken from the official versions of the Convention. The translation agreed on by German-speaking countries served as the basis for the German entries. The Serbo-Croatian entries stem from the translation published in the Official Journal of the Socialist Federal Republic of Yugoslavia (No. 1/86, 10 January 1986).

The glossary is in two parts:

- Main part: The main part sets out from the German terms and includes not only the foreign-language equivalents but also, where applicable, a definition and variants used in Austria (AT) or Switzerland (CH). The source is also stated, e.g. SRÜ VI/Art. 76 (Part VI, article 76) or SRÜ Anl. II/Art. 3 (Annex II, article 3).
- Indexes: The six alphabetical indexes contain terms in German, English, French, Spanish, Russian, and Serbo-Croatian with a numerical reference to the entries in the main part. The German index only lists terms that cannot be found in this form in the main part.

  For technical reasons all indexes follow the German alphabet, letters with diacritical marks being treated like the respective base letter.

The language and country symbols used in this glossary conform to the German standards DIN 2335 and 3166.

The English version of the Convention and of the Final Act of the Third United Nations Conference on the Law of the Sea as well as the official German translation are contained in "Internationales Seerecht", published by C. H. Beck (Munich 1990).

Remarques pour l'emploi

Le glossaire en six langues sur le «Droit de la mer» contient des termes techniques et des dénominations tirés de la Convention des Nations Unies sur le droit de la mer en date du 10 décembre 1982.

Les entrées en langues anglaise, française, espagnole et russe proviennent des versions officielles de la Convention sur le droit de la mer, les entrées en langue allemande reposent sur la traduction convenue entre les Etats germanophones. Les entrées en langue serbo-croate sont issues de la traduction publiée dans le Journal officiel de la République fédérative socialiste de Yougoslavie, n° 1/86 du 10 janvier 1986.

Le glossaire comprend deux parties:

- La partie principale contient les termes allemands qui forment la base du glossaire, les équivalents en langues étrangères et, le cas échéant, une définition et une remarque sur les éventuelles divergences d'emploi en Autriche (AT) ou en Suisse (CH). Les sources des termes répertoriés sont également indiquées, p. ex. SRÜ VI/ Art. 76 (Partie VI, article 76 de la Convention) ou SRÜ Anl. II/Art. 3 (Annexe II, article 3 de la Convention).
- Les six index alphabétiques contiennent des termes en langues allemande, anglaise, française, espagnole, russe et serbo-croate accompagnés d'un numéro renvoyant aux entrées de la partie principale. L'index allemand ne comprend que des termes qui ne peuvent pas être trouvés à partir de cette forme dans la partie principale.

  Pour des raisons techniques, tous les index sont régis par l'ordre alphabétique allemand, les lettres modifiées par un signe diacritique étant classées comme les lettres de base.

Les abréviations employées dans ce glossaire pour désigner les langues et les pays sont conformes aux normes DIN 2335 et DIN 3166.

Le texte publié aux Editions C. H. Beck «Internationales Seerecht» (Munich 1990) contient la version originale en langue anglaise de la Convention sur le droit de la mer et de l'Acte final de la troisième Conférence des Nations Unies sur le droit de la mer accompagnés de la traduction officielle en langue allemande.

Indicaciones para el manejo

El glosario «Derecho del Mar», en seis idiomas, contiene términos técnicos y denominaciones extraídos de la Convención de las Naciones Unidas sobre el Derecho del Mar, adoptada el 10 de diciembre de 1982.

Las entradas en inglés, francés, español y ruso proceden de las versiones oficiales de la Convención sobre el Derecho del Mar. Para las entradas en alemán se ha utilizado como base la traducción de la Convención convenida entre los Estados de lengua alemana. Las entradas en serbocroata están extraídas de la traducción publicada en el Boletín Oficial de la República Federativa Socialista de Yugoslavia no. 1/86, de 10 de enero de 1986.

El glosario consta de dos partes:

- Parte principal: utiliza como punto de partida las denominaciones alemanas y contiene los equivalentes en lengua extranjera y en su caso las definiciones pertinentes y las variantes utilizadas en alemán, especificándose si se trata de Austria (AT) o Suiza (CH). Se citan asimismo las respectivas fuentes, por ejemplo SRÜ VI/Art. 76 (Parte VI, Artículo 76) o SRÜ Anl. II/Art. 3 (Anexo II, Artículo 3).
- Indices: Los seis índices alfabéticos contienen las denominaciones en alemán, inglés, francés, español, ruso y serbocroata, provistas de un número que remite a las entradas en la parte principal. El indice alemán únicamente contiene aquellas denominaciones que no figuran por separado en la parte principal.

  Téngase presente que el orden alfabético seguido en los índices es, por razones técnicas, el alemán, equiparándose las letras con signos diacríticos a las respectivas letras básicas.

Los indicativos de idiomas y países empleados en este glosario corresponden a las normas DIN 2335 y DIN 3166.

El «Internationales Seerecht» publicado por la editorial C. H. Beck (Múnich 1990) contiene la versión original en lengua inglesa de la Convención sobre el Derecho del Mar y el Acta Final de la Tercera Conferencia de las Naciones Unidas sobre el Derecho del Mar, así como su traducción oficial al alemán.

Как пользоваться словарем

Шестиязычный словарь «Морское право» содержит специальные термины и обозначения из Конвенции Организации Объединенных Наций по морскому праву, принятой 10 декабря 1982 года.

Английские, французские, испанские и русские термины изъяты из соответствующих официальных редакций Конвенции по морскому праву. Для немецких терминов был взят в основу согласованный между немецкоязычными государствами перевод Конвенции. Сербохорватские термины основываются на переводе, опубликованном в Бюллетене Социалистической Федеративной Республики Югославии No 1/86 от 10 января 1986 года.

Словарь состоит из двух разделов:

- Главный раздел: Главный раздел исходит из немецких названий и содержит помимо иностранных эквивалентов в случае необходимости определение и указание на используемые в Австрии (AT) и Швейцарии (CH) отличающиеся термины. Кроме того, указаны места нахождения, напр. SRÜ VI/Art. 76 (Конвенция по морскому праву часть VI статья 76) или SRÜ Anl. II/Art. 3 (приложение II статья 3).
- Алфавитный индекс: Шесть алфавитных индексов содержат названия на немецком, английском, французском, испанском, русском и сербохорватском языках с цифровой ссылкой на термины в главном разделе. Немецкий индекс содержит термины лишь в форме, отличающейся от приведенной в главном разделе.

  Во всех индексах необходимо учесть, что в основу алфавитной последовательности по техническим причинам берется немецкий алфавит, причем буквы с диакритическими знаками рассматриваются как соответствующие коренные буквы.

Используемые в данном словаре обозначения языков и государств соответствуют германским стандартам DIN 2335 и 3166.

Изданный в издательстве C. H. Beck текст «Internationales Seerecht» (Мюнхен, 1990 года) содержит официальную редакцию Конвенции по морскому праву и Заключительный акт Третьей Конференции ООН по морскому праву на английском языке, а также их официальный перевод на немецкий язык.

Uputstva za upotrebu

Rečnik „Pravo mora“ na šest jezika sadrži stručne izraze i nazive iz Konvencije o pravu mora Ujedinjenih nacija, zaključene 10. decembra 1982. godine.

Upisi na engleskom, francuskom, španskom i ruskom jeziku potiču iz zvaničnih tekstova Konvencije o pravu mora. Za nemačke upise je kao osnov poslužio prevod Konvencije usaglašen između država nemačkog jezičkog područja. Srpskohrvatski upisi se temelje na prevodu objavljenom u Službenom listu Socijalističke Federativne Republike Jugoslavije broj 1/86 od 10. januara 1986. godine.

Rečnik se sastoji iz dva dela:

- Glavni deo: Glavni deo polazi od nemačkih naziva a može, pored ekvivalenata na stranim jezicima, da sadrži i definicije i upute na drugačije nazive koji se koriste u Austriji (AT) odnosno Švajcarskoj (CH). Osim toga su u svakom slučaju navedeni izvori, npr. SRÜ VI/Art. 76 (Deo VI član 76) ili SRÜ Anl. II/Art. 3 (Aneks II član 3).
- Indeksi: Šest alfabetskih indeksa sadrži nazive na nemačkom, engleskom, francuskom, španskom, ruskom i srpskohrvatskom jeziku sa numeričkim uputom na upise u glavnom delu. Nemački indeks sadrži samo one nazive, koji se u navedenom obliku ne mogu izvoditi iz glavnog dela.

  Kod svih indeksa treba obratiti pažnju na činjenicu da se alfabetski redosled iz tehničkih razloga upravlja prema nemačkom alfabetu, pri čemu se slova sa dijakritičkim znacima tretiraju kao njihova odgovarajuća osnovna slova.

Nazivi za jezike i zemlje korišćene u ovom rečniku odgovaraju standardima DIN 2335 odnosno DIN 3166.

Tekstualna edicija „Internationales Seerecht“ u izdanju izdavačke kuće C. H. Beck (Minhen, 1990) sadrži tekstove Konvencije o pravu mora i Završnog dokumenta Treće konferencije Ujedinjenih nacija o pravu mora u originalu na engleskom jeziku i prevodu na nemački jezik.

Inhaltsverzeichnis / Table of Contents

Hauptteil

001
DE Abbaustätte
(Ausbeutung der nicht lebenden Ressourcen)
SRÜ VI/Art.82
EN site
FR site d'exploitation
ES sitio minero
RU участок
SH mesto

002
DE Abbauvorgang
SRÜ Anl.III/Art.8
EN mining operation
FR opération d'extraction minière
ES explotación minera
RU операция по добыче
SH rudarsko radilište

003
DE Abfallbeseitigung
SRÜ XI/Art.145
EN disposal of waste
FR élimination de déchets
ES evacuación de desechos
RU удаление отходов
SH izbacivanje otpadaka

004
DE Abgrenzung des Festlandsockels
SRÜ VI/Art.83
EN delimitation of the continental shelf
FR délimitation du plateau continental
ES delimitación de la plataforma continental
RU делимитация континентального шельфа
SH razgraničenje epikontinentalnog pojasa

005
DE Abhang (des Festlandrands)
SRÜ VI/Art.76
EN slope (of the continental margin)
FR talus (de la marge continentale)
ES talud (del margen continental)
RU склон (окраины материка)
SH strmina (kontinentalne ivice)

006
DE abhängige Arten
SRÜ V/Art.61
EN dependent species
FR espèces dépendantes
ES especies dependientes
RU зависимые виды
SH zavisne vrste

007
DE Abschlußlinie
SRÜ II/Art.10, IV/Art.50
EN closing line
FR ligne de délimitation
FR ligne de fermeture
ES línea de demarcación
ES línea de cierre
RU замыкающая линия
SH granična linija

008
DE absichtliche oder zufällige Zuführung fremder oder neuer Arten
SRÜ XII/Art.196
EN intentional or accidental introduction of species, alien or new
FR introduction intentionnelle ou accidentelle d'espèces étrangères ou nouvelles
ES introducción intencional o accidental de especies extrañas o nuevas
RU преднамеренное или случайное введение видов организмов, чуждых или новых
SH namerno ili slučajno uvođenje stranih ili novih vrsta

009
DE Abwesenheit (einer Partei)
SRÜ Anl.VI/Art.28
EN absence (of a party)
FR absence (d'une partie)
ES ausencia (de una parte)
RU отсутствие (стороны)
SH izostanak (strane)

010
DE Ad-hoc-Kammer (der Kammer für Meeresbodenstreitigkeiten)
SRÜ Anl.VI/Art.36
EN ad hoc chamber (of the Sea-Bed Disputes Chamber)
FR chambre ad hoc (de la Chambre pour le règlement des différends relatifs aux fonds marins)
ES sala ad hoc (de la Sala de Controversias de los Fondos Marinos)
RU камера ad hoc (Камеры по спорам, касающимся морского дна)
SH ad hoc veće (Veća za sporove o morskom dnu)

011
DE allgemeine Leitsätze
(von der Versammlung aufgestellt)
SRÜ XI/Art.162
EN general policies
FR politique générale
ES política general
RU общая политика
SH opšta politika

012
DE Amtszeit (der Mitglieder des Gerichtshofs)
SRÜ Anl.VI/Art.5
EN term of office (of the members of the Tribunal)
FR durée des fonctions (des membres du Tribunal)
ES duración del mandato (de los miembros del Tribunal)
RU срок полномочий (членов Трибунала)
SH trajanje mandata (članova Suda)

013
DE anadrome Bestände
SRÜ V/Art.66
EN anadromous stocks
FR stocks de poissons anadromes
ES poblaciones anádromas
RU анадромные виды
SH kolonije anadromnih riba

014
DE Anbordnehmen von Luftfahrzeugen
SRÜ II/Art.19
EN taking on board of aircraft
FR embarquement d'aéronefs
ES embarque de aeronaves
RU принятие на борт летательного аппарата
SH prihvatanje na brod vazduhoplova

015
DE Änderung (des Übereinkommens) durch vereinfachtes Verfahren
SRÜ XVII/Art.313
EN amendment (to the Convention) by simplified procedure
FR amendement (à la Convention) par procédure simplifiée
ES enmienda (a la Convención) por procedimiento simplificado
RU поправка (к Конвенции) по упрощенной процедуре
SH amandman (na konvenciju) po jednostavnijem postupku

016
DE angrenzender Meeresstreifen
SRÜ II/Art.2
EN adjacent belt of sea
FR zone de mer adjacente
ES franja de mar adyacente
RU примыкающий морской пояс
SH pojas mora uz obalu

017
DE Angriffsstellen (der Verschmutzung)
SRÜ XII/Art.200
EN exposure (to pollution)
FR exposition (à la pollution)
ES exposición (a la contaminación)
RU подверженность (загрязнению)
SH izloženost (zagađivanju)

018
DE Anhalten (eines Schiffes)
SRÜ V/Art.73
EN boarding
FR arraisonnement
ES visita
RU досмотр
SH pregled

019
DE Anlage von Tunneln
SRÜ VI/Art.85
EN tunnelling
FR creusement de galeries
ES excavación de túneles
RU прокладка туннелей
SH prokopavanje tunela

020
DE Anlagen vor der Küste
SRÜ II/Art.11
EN off-shore installations
FR installations situées au large de la côte
ES instalaciones costa afuera
RU прибрежные установки
SH uređaji udaljeni od obale

021
DE Anlagevermögen
SRÜ Anl.III/Art.13
EN capital assets
FR biens d'équipement
ES bienes de capital
RU капитальные активы
SH osnovna sredstva

022
DE Anlandung des Fanges
SRÜ V/Art.62
EN landing of the catch
FR déchargement des captures
ES descarga de la captura
RU выгрузка улова
SH iskrcavanje ulova

023
DE Anlaufhafen
SRÜ XII/Art.220
EN port of call
FR port d'escale
ES escala
RU порт захода
SH luka pristajanja

024
DE Anordnungen für Notfälle
(vom Rat erlassen)
SRÜ XI/Art.162
EN emergency orders
FR ordres en cas d'urgence
ES órdenes en casos de urgencia
RU распоряжения при чрезвычайных обстоятельствах
SH naređenja u hitnim slučajevima

025
DE Anschlußzone
(an das Küstenmeer angrenzende Zone, die sich nicht weiter als 24 Seemeilen über die Basislinien hinaus erstrecken darf, von denen aus die Breite des Küstenmeers gemessen wird)
SRÜ II/Art.33
EN contiguous zone
FR zone contiguë
ES zona contigua
RU прилежащая зона
SH spoljni pojas

026
DE Anstieg (des Festlandrands)
SRÜ VI/Art.76
EN rise (of the continental margin)
FR glacis (de la marge continentale)
ES emersión (del margen continental)
RU подъем (окраины материка)
SH kosina (kontinentalne ivice)

027
DE Antrag auf Beitritt (zu dem Verfahren)
(AT + CH: Antrag auf Intervention)
SRÜ Anl.VI/Art.31
EN request to intervene (in the proceeding)
FR demande d'intervention (au procès)
ES solicitud de intervención (en el proceso)
RU просьба о вступлении (в дело)
SH zahtev za mešanjem (u postupku)

028
DE Antragsgebühr
SRÜ Anl.III/Art.13
EN application fee
FR droit perçu pour l'étude de la demande de contrat
ES derecho por concepto de tramitación de la solicitud
RU сбор за заявку
SH dažbina za zahtev

029
DE anwendbares Recht
SRÜ Anl.III/Art.21
EN applicable law
FR droit applicable
ES derecho aplicable
RU применимое право
SH pravo koje se primenjuje

030
DE Arbeitsplan
(vom Rat bestätigt)
SRÜ XI/Art.162
EN plan of work
FR plan de travail
ES plan de trabajo
RU план работы
SH plan rada

031
DE archäologische Gegenstände
SRÜ XVI/Art.303
EN archaeological objects
FR objets archéologiques
ES objetos arqueológicos
RU археологические объекты
SH arheološki predmeti

032
DE Archipelbasislinie
(Verbindung der äußersten Punkte der äußersten Inseln und trockenfallenden Riffe des Archipels)
SRÜ IV/Art.47
EN archipelagic baseline
FR ligne de base archipélagique
ES línea de base archipelágica
RU архипелажная исходная линия
SH arhipelaška polazna linija

033
DE Archipelgewässer
(Gewässer, die von den Archipelbasislinien umschlossen sind)
SRÜ II/Art.2, IV/Art.49
EN archipelagic waters
FR eaux archipélagiques
ES aguas archipelágicas
RU архипелажные воды
SH arhipelaške vode

034
DE Archipelschiffahrtsweg
SRÜ IV/Art.53
EN archipelagic sea lane
FR passage archipélagique
ES vía marítima archipelágica
RU архипелажный проход по морским коридорам
SH arhipelaški plovni put

035
DE Archipelstaat
(Staat, der vollständig aus einem oder mehreren Archipelen und gegebenenfalls anderen Inseln besteht)
SRÜ IV/Art.46
EN archipelagic State
FR Etat archipel
ES Estado archipelágico
RU государство-архипелаг
SH arhipelaška država

036
DE assoziierte Staaten mit Selbstregierung
SRÜ XVII/Art.305
EN self-governing associated States
FR Etats associés autonomes
ES Estados asociados autónomos
RU самоуправляющиеся ассоциированные государства
SH samoupravne udružene države

037
DE Aufbringen (eines Schiffes)
SRÜ VII/Art.105
EN seizure (of a ship)
FR saisie (d'un navire)
ES apresamiento (de un buque)
RU захват (судна)
SH zaplena (broda)

038
DE Auffanganlagen
(zur Verhütung der Meeresverschmutzung)
SRÜ XII/Art.211
EN reception facilities
FR installations de réception
ES instalaciones de recepción
RU приемные устройства
SH uređaji za prijem

039
DE Aufstellung und Nutzung von Anlagen
SRÜ XIII/Art.258
EN deployment and use of installations
FR mise en place et utilisation d'installations
ES emplazamiento y utilización de instalaciones
RU размещение и использование установок
SH postavljanje i upotreba uređaja

040
DE Aufsuchungsarbeiten
SRÜ XIII/Art.246
EN exploratory operations
FR travaux d'exploration
ES operaciones exploratorias
RU операции по разведке
SH istraživačke delatnosti

041
DE Ausbeutung von lebenden Ressourcen
SRÜ V/Art.72
EN exploitation of living resources
FR exploitation des ressources biologiques
ES explotación de los recursos vivos
RU эксплуатация живых ресурсов
SH iskorišćavanje živih bogatstava

042
DE Ausbeutung von mineralischen Ressourcen
SRÜ XI/Art.165
EN exploitation of mineral resources
FR exploitation des ressources minérales
ES explotación de minerales
RU разработка полезных ископаемых
SH iskorišćavanje rudnih bogatstava

043
DE Ausbeutungsstadium
SRÜ Anl.III/Art.17
EN exploitation stage
FR phase d'exploitation
ES etapa de explotación
RU стадия разработки
SH faza iskorišćavanja

044
DE äußere Grenzen des Festlandsockels
SRÜ Anl.II/Art.3
EN outer limits of the continental shelf
FR limite extérieure du plateau continental
ES límites exteriores de la plataforma continental
RU внешние границы континентального шельфа
SH spoljne granice epikontinentalnog pojasa

045
DE Ausflußanlagen
SRÜ XII/Art.207
EN outfall structures
FR installations de décharge
ES estructuras de desagüe
RU водоотводные сооружения
SH odlivne instalacije

046
DE Ausgangshafen
SRÜ X/Art.128
EN port of exit
FR port de sortie
ES puerto de salida
RU порт выхода
SH izlazna luka

047
DE ausgebrachte Metalle
SRÜ Anl.III/Art.13
EN processed metals
FR métaux traités
ES metales tratados
RU готовые металлы
SH prerađeni metali

048
DE ausgewogene und wirkungsvolle Nutzung der Ressourcen
SRÜ Präambel
EN equitable and efficient utilization of resources
FR utilisation équitable et efficace des ressources
ES utilización equitativa y eficiente de los recursos
RU справедливое и эффективное использование ресурсов
SH pravično i delotvorno iskorišćavanje bogatstava

049
DE Auslaufen
SRÜ XII/Art.217
EN sailing
FR appareiller
ES zarpar
RU плавание
SH plovidba

050
DE Ausläufer (des Festlandrands)
SRÜ VI/Art.76
EN spur (of the continental margin)
FR éperon (de la marge continentale)
ES espolón (del margen continental)
RU отрог (окраины материка)
SH izdanak (kontinentalne ivice)

051
DE Auslegung des Schiedsspruchs
SRÜ Anl.VII/Art.12
EN interpretation of the award
FR interprétation de la sentence
ES interpretación del laudo
RU толкование решения
SH tumačenje odluke

052
DE ausschließliche Wirtschaftszone
(Die ausschließliche Wirtschaftszone ist ein jenseits des Küstenmeers gelegenes und an dieses angrenzendes Gebiet, das der in diesem Teil festgelegten besonderen Rechtsordnung unterliegt, nach der die Rechte und Hoheitsbefugnisse des Küstenstaats und die Rechte und Freiheiten anderer Staaten durch die diesbezüglichen Bestimmungen des Seerechtsübereinkommens geregelt werden.)
SRÜ V/Art.55 ff.
EN exclusive economic zone
FR zone économique exclusive
ES zona económica exclusiva
RU исключительная экономическая зона
SH isključiva privredna zona

053
DE ausschließliches Recht
SRÜ Anl.III/Art.3
EN exclusive right
FR droits exclusifs
ES derechos exclusivos
RU исключительное право
SH isključiva prava

054
DE Aussetzung der friedlichen Durchfahrt
SRÜ II/Art.25
EN suspension of innocent passage
FR suspension de l'exercice du droit de passage inoffensif
ES suspensión del paso inocente
RU приостановление осуществления права мирного прохода
SH obustaviti neškodljivi prolazak

055
DE Aussetzung und Beschränkungen (im Fall von Strafverfahren)
SRÜ XII/Art.228
EN suspension and restrictions (on institution of proceedings)
FR suspension et restrictions (à l'institution de poursuites)
ES suspensión (de procedimientos) y limitaciones (a su iniciación)
RU приостановление и ограничение (возбуждения разбирательства)
SH prekid i ograničenja (pokrenutog postupka)

056
DE Baggerarbeiten
SRÜ XI/Art.145
EN excavation
FR excavation
ES excavación
RU выемка грунта
SH iskopavanje

057
DE Bank (des Festlandrands)
SRÜ VI/Art.76
EN bank (of the continental margin)
FR banc (de la marge continentale)
ES banco (del margen continental)
RU банка (окраины материка)
SH bank (kontinentalne ivice)

058
DE Barüberschüsse
SRÜ Anl.III/Art.13
EN cash surplus
FR excédent réel
ES ingresos brutos
RU прибыль в денежном выражении
SH gotovinski višak

059
DE Basislinie
SRÜ II/Art.14
EN baseline
FR ligne de base
ES línea de base
RU исходная линия
SH polazna linija

060
DE Beamte (des Gerichtshofs)
SRÜ Anl.VI/Art.12
EN officers (of the Tribunal)
FR fonctionnaires (du Tribunal)
ES funcionarios (del Tribunal)
RU должностные лица (Трибунала)
SH službenici (Suda)

061
DE Beanspruchung von Souveränität
SRÜ VII/Art.89, XI/Art.155
EN claim of sovereignty
FR revendication de souveraineté
ES reivindicación de soberanía
RU притязание на суверенитет
SH zahtev suverenosti

062
DE Befähigungszeugnis
SRÜ VII/Art.97
EN certificate of competence
FR certificat de capacité
ES certificado de competencia
RU свидетельство о квалификации
SH svedočanstvo o osposobljenosti

063
DE Befischung
SRÜ V/Art.66
EN harvesting
FR exploitation
ES captura
RU промысел
SH lov

064
DE befürwortende Vertragsstaaten
SRÜ XI/Art.190
EN sponsoring States Parties
FR Etats Parties ayant accordé leur patronage
ES Estados Partes patrocinantes
RU поручившиеся государства-участники
SH države strane koje jemče

065
DE Behörde
(Internationale Meeresbodenbehörde)
SRÜ XI/Art.156 ff.
EN Authority
FR Autorité
ES Autoridad
RU Орган
SH Vlast

066
DE Beilegung der Streitigkeit durch Verhandlung
SRÜ XV/Art.283
EN settlement of the dispute by negotiation
FR règlement du différend par la négociation
ES solución de la controversia mediante negociación
RU урегулирование спора путем переговоров
SH rešenje spora pregovorima

067
DE beklagter Staat
SRÜ XI/Art.190
EN respondent State
FR Etat défendeur
ES Estado Parte demandado
RU государство-ответчик
SH tužena država

068
DE Bemannung von fremden Schiffen
SRÜ II/Art.21
EN manning of foreign ships
FR armement des navires étrangers
ES dotación de buques extranjeros
RU комплектование экипажа иностранных судов
SH posada stranih brodova

069
DE Benutzerstaat
SRÜ III/Art.43
EN user State
FR Etat utilisateur
ES Estado usuario
RU государство, использующее ...
SH država koja se služi (tesnacem)

070
DE Berechnungsschlüssel
SRÜ XI/Art.160
EN scale of assessment
FR barème
ES escala
RU шкала
SH skala razreza

071
DE berechtigte Interessen
SRÜ XIV/Art.267
EN legitimate interests
FR intérêts légitimes
ES intereses legítimos
RU правомерные интересы
SH interesi zasnovani na pravu

072
DE Bergbau
SRÜ XI/Art.164
EN mining
FR activités minières
ES explotación minera
RU добыча
SH rudarstvo

073
DE Bergbau betreibende Unternehmer
SRÜ Anl.III/Art.13
EN miners
FR exploitants de gisements
ES productores terrestres
RU разработчики
SH proizvođači

074
DE Bergbautechnologie
SRÜ XIV/Art.277
EN mining technology
FR extraction minière
ES minería
RU морское горное дело
SH tehnologija rudarstva

075
DE Bergungsrecht
SRÜ XVI/Art.303
EN law of salvage
FR droit de récupérer des épaves
ES normas sobre salvamento
RU правила спасания
SH pravo spasavanja

076
DE Bericht (der Vergleichskommission)
SRÜ Anl.V/Art.7
EN report (of the conciliation commission)
FR rapport (de la commission de conciliation)
ES informe (de la comisión de conciliación)
RU доклад (согласительной комиссии)
SH izveštaj (komisije za mirenje)

077
DE Berichte über den Fortschritt der Arbeiten
SRÜ Anl.III/Art.17
EN progress reports
FR rapports sur l'état d'avancement des travaux
ES informes sobre la marcha de los trabajos
RU доклады о ходе работы
SH izveštaji o napredovanju radova

078
DE Beschluß (der Versammlung)
SRÜ XI/Art.159
EN decision (of the Assembly)
FR décision (de l'Assemblée)
ES decisión (de la Asamblea)
RU решение (Ассамблеи)
SH odluka (Skupštine)

079
DE Beschlüsse (des Rates) über Sachfragen/Verfahrensfragen
SRÜ XI/Art.161
EN decisions (of the Council) on questions of substance/procedure
FR décisions (du Conseil) sur les questions de fond/procédure
ES decisiones (del Consejo) sobre cuestiones de fondo/procedimiento
RU решения (Совета) по вопросам существа/процедуры
SH odluke (Veća) u meritornim pitanjima/pitanjima postupka

080
DE besondere Leitsätze
(von der Behörde zu befolgen; aufgestellt vom Rat als ausführendem Organ der Behörde)
SRÜ XI/Art.162
EN specific policies
FR politiques spécifiques
ES política concreta
RU конкретная политика
SH posebna politika

081
DE besondere Zusatzvereinbarung zu dem Vertrag
SRÜ Anl.III/Art.5
EN specific agreement supplementary to the contract
FR accord spécial complétant le contrat
ES acuerdo especial complementario del contrato
RU конкретное соглашение, дополняющее контракт
SH poseban sporazum kao dodatak ugovora

082
DE besonderes Schiedsgericht
SRÜ Anl.VIII/Art.3
EN special arbitral tribunal
FR tribunal arbitral spécial
ES tribunal arbitral especial
RU специальный арбитраж
SH posebni arbitražni sud

083
DE besonderes Schiedsverfahren
SRÜ Anl.VIII/Art.1
EN special arbitral procedure
FR arbitrage spécial
ES procedimiento de arbitraje especial
RU специальная арбитражная процедура
SH posebni arbitražni postupak

084
DE Bestände miteinander vergesellschafteter Arten
SRÜ V/Art.63
EN stocks of associated species
FR stocks d'espèces associées
ES poblaciones de especies asociadas
RU запасы ассоциированных видов
SH riblje kolonije srodnih vrsta

085
DE beständige Stoffe
SRÜ XII/Art.194
EN persistent substances
FR substances non dégradables
ES sustancias de carácter persistente
RU стойкие вещества
SH materije koje su trajne

086
DE bestellte Mitglieder (des Schiedsgerichts)
SRÜ Anl.VII/Art.3
EN appointed members (of the arbitral tribunal)
FR membres nommés (du tribunal arbitral)
ES miembros nombrados (del tribunal arbitral)
RU назначенные члены (арбитража)
SH postavljeni članovi (arbitražnog suda)

087
DE Bestellung der Schlichter
SRÜ Anl.V/Art.3
EN appointment of conciliators
FR nomination des conciliateurs
ES nombramiento de los conciliadores
RU назначение посредников
SH postavljenje miritelja

088
DE Betriebskosten des Vertragsnehmers
SRÜ Anl.III/Art.13
EN contractor's operating costs
FR charges d'exploitation du contractant
ES gastos de explotación del contratista
RU эксплуатационные расходы контрактора
SH ugovaračevi proizvodni troškovi

089
DE Bevorzugung von Antragstellern
SRÜ Anl.III/Art.10
EN preference among applicants
FR préférence accordée à certains demandeurs
ES preferencia de ciertos solicitantes
RU преимущество среди заявителей
SH prednost među podnosiocima zahteva

090
DE Bewirtschaftung der lebenden und nicht lebenden natürlichen Ressourcen
SRÜ V/Art.56
EN management of natural resources, whether living or non-living
FR gestion des ressources naturelles, biologiques ou non biologiques
ES administración de los recursos naturales, tanto vivos como no vivos
RU управление природными ресурсами как живыми, так и неживыми
SH gazdovanje živim i neživim prirodnim bogatstvima

091
DE Bewirtschaftungsmaßnahmen
SRÜ V/Art.61
EN management measures
FR mesures de gestion
ES medidas de administración
RU меры по управлению
SH mere za gazdovanje

092
DE Bildung des besonderen Schiedsgerichts
SRÜ Anl.VIII/Art.3
EN constitution of the special arbitral tribunal
FR constitution du tribunal arbitral spécial
ES constitución del tribunal arbitral especial
RU образование специального арбитража
SH konstituisanje posebnog arbitražnog suda

093
DE bindendes Handelsschiedsverfahren
SRÜ XI/Art.188
EN binding commercial arbitration
FR arbitrage commercial obligatoire
ES arbitraje comercial obligatorio
RU коммерческое арбитражное разбирательство, влекущее обязательные решения
SH obavezna trgovačka arbitraža

094
DE Binnenland
SRÜ Präambel
EN land-locked country
FR pays sans littoral
ES país sin litoral
RU страна, не имеющая выхода к морю
SH kontinentalna zemlja

095
DE Binnenstaat
SRÜ X/Art.124
EN land-locked State
FR Etat sans littoral
ES Estado sin litoral
RU государство, не имеющее выхода к морю
SH kontinentalna država

096
DE Bohrarbeiten
SRÜ Anl.III/Art.17
EN drilling
FR activités de forage
ES perforación
RU бурение
SH bušenje

097
DE Brachsenmakrele
(Familie Bramidae)
SRÜ Anl.I
EN pomfret
FR brème de mer
ES japuta
RU морской лещ
SH grboglavka

098
DE Bruttoertrag des Vertragsnehmers
SRÜ Anl.III/Art.13
EN contractor's gross proceeds
FR recettes brutes du contractant
ES ingresos brutos del contratista
RU валовые поступления контрактора
SH ugovaračev bruto-prihod

099
DE charakteristische regionale Eigenheiten
SRÜ XII/Art.197
EN characteristic regional features
FR particularités régionales
ES características propias de cada región
RU характерные региональные особенности
SH regionalne karakteristike

100
DE Dredscharbeiten
SRÜ XI/Art.145
EN dredging
FR dragages
ES dragado
RU драгирование
SH jaruženje

101
DE Dritte Seerechtskonferenz der Vereinten Nationen
SRÜ XVII/Art.308
EN Third United Nations Conference on the Law of the Sea
FR Troisième Conférence des Nations Unies sur le droit de la mer
ES Tercera Conferencia de las Naciones Unidas sobre el Derecho del Mar
RU Третья Конференция Организации Объединенных Наций по морскому праву
SH Treća konferencija Ujedinjenih nacija o pravu mora

102
DE Durchfahrt durch das Küstenmeer
SRÜ II/Art.31
EN passage through the territorial sea
FR passage dans la mer territoriale
ES paso por el mar territorial
RU проход через территориальное море
SH prolazak teritorijalnim morem

103
DE Durchfahrtsordnung
SRÜ III/Art.34
EN régime of passage
FR régime du passage
ES régimen de paso
RU режим прохода
SH režim prolaska

104
DE Durchfahrtsweg
SRÜ IV/Art.53
EN passage route
FR route (de passage)
ES ruta de paso
RU путь прохода
SH put za prolazak

105
DE Durchführung des Schiedsspruchs
SRÜ Anl.VII/Art.12
EN implementation of the award
FR exécution de la sentence
ES ejecución del laudo
RU выполнение решения
SH izvršenje odluke

106
DE Durchsetzung (der Gesetze und Vorschriften) in bezug auf Verschmutzung
SRÜ XII/Art.213
EN enforcement (of laws and regulations) with respect to pollution
FR mise en application de la réglementation relative à la pollution
ES ejecución (de las leyes y reglamentos) respecto de la contaminación
RU обеспечение выполнения законов и правил, касающихся загрязнения
SH sprovođenje i primena normi u pogledu zagađivanja

107
DE Durchsetzungbefugnisse
SRÜ XII/Art.224
EN powers of enforcement
FR pouvoirs de police
ES facultades de ejecución
RU полномочие по обеспечению выполнения
SH upravna ovlašćenja

108
DE Durchsetzungsmaßnahmen
SRÜ XII/Art.232
EN enforcement measures
FR mesures de mise en application
ES medidas de ejecución
RU меры по обеспечению выполнения
SH mere radi sprovođenja i primene

109
DE Durchsetzungsverfahren
SRÜ V/Art.62
EN enforcement procedures
FR mesures d'exécution
ES procedimientos de ejecución
RU процедуры обеспечения выполнения
SH postupak sprovođenja i primene normi

110
DE Echter Bonito
(Katsuwonus pelamis)
SRÜ Anl.I
EN skipjack tuna
FR bonite à ventre rayé
ES listado
RU полосатый тунец
SH tunj prugavac

111
DE Eigentumsrechte an Mineralien
SRÜ Anl.III/Art.1
EN title to minerals
FR droits sur les minéraux
ES derechos sobre los minerales
RU право собственности на полезные ископаемые
SH prenošenje prava na rudama

112
DE Eigentumsübergang
SRÜ VII/Art.92
EN transfer of ownership
FR transfert de la propriété
ES transferencia de la propiedad
RU переход права собственности
SH prenos vlasništva

113
DE Eignungsanforderungen
SRÜ Anl.III/Art.4
EN qualification standards
FR critères de qualification
ES criterios de aptitud
RU квалификационные стандарты
SH merila podobnosti

114
DE Einbringen
(jede vorsätzliche Beseitigung von Abfällen oder sonstigen Stoffen von Schiffen, Luftfahrzeugen, Plattformen oder sonstigen auf See errichteten Bauwerken aus; jede vorsätzliche Beseitigung von Schiffen, Luftfahrzeugen, Plattformen und sonstigen auf See errichteten Bauwerken)
SRÜ I/Art.1
EN dumping
FR immersion
ES vertimiento
RU захоронение
SH potapanje

115
DE Einbuchtung der Küste
SRÜ II/Art.7
EN indented coastline
FR côte échancrée
ES abertura de la costa
RU изрезанная береговая линия
SH razuđena obala

116
DE Eingangshafen
SRÜ X/Art.128
EN port of entry
FR port d'entrée
ES puerto de entrada
RU порт входа
SH ulazna luka

117
DE Einigung
SRÜ Anl.V/Art.7
EN agreement
FR accord
ES acuerdo
RU договоренность
SH sporazum

118
DE Einlaufen in Häfen
SRÜ XII/Art.211
EN port entry
FR entrée dans les ports
ES entrada a puerto
RU заход в порт
SH uplovljenje u luku

119
DE Einleiten von Sedimenten
SRÜ Anl.III/Art.17
EN discharge of sediment
FR rejet de sédiments
ES descarga de sedimentos
RU сброс отстоя
SH izbacivanje sedimenata

120
DE Einleitung des Verfahrens
SRÜ Anl.V/Art.1
EN institution of proceedings
FR ouverture de la procédure
ES incoación del procedimiento
RU возбуждение разбирательства
SH pokretanje postupka

121
DE Einrichtungen zur Erleichterung der internationalen Schiffahrt
SRÜ III/Art.43
EN improvements in aid of international navigation
FR équipements destinés à faciliter la navigation internationale
ES mejoras que faciliten la navegación internacional
RU средства содействия международному судоходству
SH uređaji koji služe međunarodnoj plovidbi

122
DE Einschnitt der Küste
SRÜ II/Art.7
EN cut into coastline
FR côte découpée
ES escotadura de la costa
RU извилистая береговая линия
SH obala usečena u kopno

123
DE einstweilige Maßnahmen
SRÜ XIII/Art.265
EN interim measures
FR mesures conservatoires
ES medidas provisionales
RU временные меры
SH privremene mere

124
DE Eintragungsstaat
SRÜ III/Art.42
EN State of registry
FR Etat d'immatriculation
ES Estado de registro
RU государство регистрации
SH država registracije

125
DE eisbedeckte Gebiete
SRÜ XII/Art.234
EN ice-covered areas
FR zones recouvertes par les glaces
ES zonas cubiertas de hielo
RU покрытые льдом районы
SH područja prekrivena ledom

126
DE Empfehlungen (der Vergleichskommission)
SRÜ Anl.V/Art.7
EN recommendations (of the conciliation commission)
FR recommandations (de la commission de conciliation)
ES recomendaciones (de la comisión de conciliación)
RU рекомендации (согласительной комиссии)
SH preporuke (komisije za mirenje)

127
DE empfohlene Gebräuche/Verfahren
SRÜ XII/Art.207
EN recommended practices/procedures
FR pratiques recommandées/procédures recommandées
ES prácticas recomendadas/procedimientos recomendados
RU рекомендуемые практики/процедуры
SH preporučena praksa/postupci

128
DE Endgültigkeit der Entscheidungen (des Gerichtshofs)
SRÜ Anl.VI/Art.33
EN finality of decisions (of the Tribunal)
FR caractère définitif des décisions (du Tribunal)
ES carácter definitivo de los fallos (del Tribunal)
RU окончательность решений (Трибунала)
SH konačnost odluka (Suda)

129
DE Endgültigkeit des Schiedsspruchs
SRÜ Anl.VII/Art.11
EN finality of the award
FR caractère définitif de la sentence
ES carácter definitivo del laudo
RU окончательность решения
SH konačnost odluke

130
DE Entsalzungstechnologie
SRÜ XIV/Art.277
EN desalination technology
FR techniques de dessalement
ES tecnología de desalación
RU опреснение воды
SH tehnologija desalinizacije

131
DE Entwicklungskosten des Abbaubereichs
SRÜ Anl.III/Art.13
EN development costs of the mining sector
FR dépenses de mise en valeur liées à l'extraction
ES gastos de inversión correspondientes a la extracción
RU расходы горнорудного сектора по освоению
SH razvojni troškovi u rudarskom sektoru

132
DE Entwicklungskosten des Vertragsnehmers
SRÜ Anl.III/Art.13
EN contractor's development costs
FR dépenses de mise en valeur du contractant
ES gastos de inversión del contratista
RU расходы контрактора по освоению
SH ugovaračevi razvojni troškovi

133
DE Erforschung der lebenden Ressourcen
SRÜ IX/Art.123
EN exploration of living resources
FR exploration des ressources biologiques
ES exploración de los recursos vivos
RU разведка живых ресурсов
SH istraživanje živih bogatstava

134
DE Erforschungsstadium
SRÜ Anl.III/Art.17
EN exploration stage
FR phase d'exploration
ES etapa de exploración
RU стадия разведки
SH faza istraživanja

135
DE Erhaltung der lebenden Ressourcen
SRÜ V/Art.61
EN conservation of living resources
FR conservation des ressources biologiques
ES conservación de los recursos vivos
RU сохранение живых ресурсов
SH očuvanje živih bogatstava

136
DE Erhaltungsmaßnahmen
SRÜ V/Art.61
EN conservation measures
FR mesures de conservation
ES medidas de conservación
RU меры по сохранению
SH mere za očuvanje

137
DE Ermessen des Küstenstaats
SRÜ XV/Art.297
EN discretion of the coastal State
FR pouvoir discrétionnaire de l'Etat côtier
ES facultad discrecional del Estado ribereño
RU дискреционное полномочие прибрежного государства
SH diskreciono ovlašćenje pomorske države

138
DE Ermessensbefugnisse (der Behörde)
SRÜ XI/Art.189
EN discretionary powers (of the Authority)
FR pouvoirs discrétionnaires (de l'Autorité)
ES facultades discrecionales (de la Autoridad)
RU дискреционные полномочия (Органа)
SH diskreciona ovlašćenja (Vlasti)

139
DE Erschließung der Ressourcen
SRÜ XI/Art.150
EN development of resources
FR mise en valeur les ressources
ES aprovechamiento de los recursos
RU освоение ресурсов
SH razvoj bogatstava

140
DE Erschöpfung der innerstaatlichen Rechtsmittel
SRÜ XV/Art.295
EN exhaustion of local remedies
FR épuisement des recours internes
ES agotamiento de los recursos internos
RU исчерпать местные средства правовой защиты
SH iscrpljenje unutrašnjih pravnih sredstava

141
DE Fachkenntnisse
SRÜ XIV/Art.274
EN know-how
FR savoir-faire
ES conocimientos especializados
RU ноу-хау
SH praktično znanje

142
DE Fachpersonal
SRÜ XIV/Art.274
EN technical staff
FR personnel technique
ES personal técnico
RU технический персонал
SH stručno osoblje

143
DE Fahrwasser
SRÜ IV/Art.53
EN navigational channel
FR chenal servant à la navigation
ES canal de navegación
RU фарватер
SH plovni kanal

144
DE fakultative Ausnahmen (der Anwendbarkeit eines Abschnitts)
SRÜ XV/Art.298
EN optional exceptions (to applicability of a section)
FR exceptions facultatives (à l'application d'une section)
ES excepciones facultativas (a la aplicabilidad de un sección)
RU факультативные исключения (касающиеся применения раздела)
SH fakultativni izuzeci (od primene odeljka)

145
DE Fanggebiet
SRÜ V/Art.62
EN area of fishing
FR zone de pêche
ES área de pesca
RU район рыбного промысла
SH područje ribolova

146
DE Fangkapazität
SRÜ V/Art.69
EN harvesting capacity
FR capacité de pêche
ES capacidad de captura
RU промысловые возможности
SH stepen razvijenosti koji omogućuje ulov

147
DE Fangquote
SRÜ V/Art.62
EN quota of catch
FR quota de pêche
ES cuota de captura
RU квота вылова
SH kvota ulova

148
DE Fangzeit
SRÜ V/Art.62
EN season of fishing
FR campagne de pêche
ES temporada de pesca
RU сезон рыбного промысла
SH sezona ribolova

149
DE feierliche Erklärung (der Mitglieder des Gerichtshofs)
SRÜ Anl.VI/Art.11
EN solemn declaration (by members of the Tribunal)
FR engagement solennel (des membres du Tribunal)
ES declaración solemne (de los miembros del Tribunal)
RU торжественное заявление (членов Трибунала)
SH svečana izjava (članova Suda)

150
DE Fertigkeiten
SRÜ XIV/Art.274
EN skills
FR connaissances
ES conocimientos prácticos
RU навыки
SH veštine

151
DE Festhalten fremder Schiffe
SRÜ V/Art.73
EN arrest of foreign vessels
FR saisie d'un navire étranger
ES apresamiento de buques extranjeros
RU арест иностранных судов
SH zaplena stranih brodova

152
DE Festlandabhang
SRÜ VI/Art.76
EN continental slope
FR talus continental
ES talud continental
RU континентальный склон
SH kontinentalna strmina

153
DE Festlandrand
(Der Festlandrand umfaßt die unter Wasser gelegene Verlängerung der Landmasse des Küstenstaats und besteht aus dem Meeresboden und dem Meeresuntergrund des Sockels, des Abhangs und des Anstiegs. Er umfaßt weder den Tiefseeboden mit seinen unterseeischen Bergrücken noch dessen Untergrund.)
SRÜ VI/Art.76
EN continental margin
FR marge continentale
ES margen continental
RU окраина материка
SH kontinentalna ivica

154
DE Festlandsockel
(Der Festlandsockel eines Küstenstaats umfaßt den jenseits seines Küstenmeers gelegenen Meeresboden und Meeresuntergrund der Unterwassergebiete, die sich über die gesamte natürliche Verlängerung seines Landgebiets bis zur äußeren Kante des Festlandrands erstrecken oder bis zu einer Entfernung von 200 Seemeilen von den Basislinien, von denen aus die Breite des Küstenmeers gemessen wird, wo die äußere Kante des Festlandrands in einer geringeren Entfernung verläuft.)
SRÜ VI/Art.76 ff.
EN continental shelf
FR plateau continental
ES plataforma continental
RU континентальный шельф
SH epikontinentalni pojas

155
DE finanzielle Mittel (der Behörde)
SRÜ XI/Art.171
EN funds (of the Authority)
FR ressources financières (de l'Autorité)
ES recursos financieros (de la Autoridad)
RU фонды (Органа)
SH novčana sredstva (Vlasti)

156
DE finanzielle Regelungen (der Behörde)
SRÜ XI/Art.171
EN financial arrangements (of the Authority)
FR organisation financière (de l'Autorité)
ES disposiciones financieras (relativas a la Autoridad)
RU финансы (Органа)
SH finansijsko poslovanje (Vlasti)

157
DE Finanzregeln
SRÜ XI/Art.162
EN financial rules
FR règles financières
ES normas financieras
RU финансовые нормы
SH finansijska pravila

158
DE Finanzverfahren
SRÜ XI/Art.162
EN financial procedures
FR procédures financières
ES procedimientos financieros
RU финансовые процедуры
SH finansijski postupci

159
DE Finanzvorschriften
SRÜ XI/Art.162
EN financial regulations
FR règlements financiers
ES reglamentos financieros
RU финансовые правила
SH finansijski propisi

160
DE Fischereiausrüstung
SRÜ V/Art.62
EN fishing equipment
FR engins de pêche
ES equipo de pesca
RU рыболовное оборудование
SH ribarska oprema

161
DE Fischereifahrzeug
SRÜ III/Art.42
EN fishing vessel
FR navire de pêche
ES buque pesquero
RU рыболовное судно
SH ribarski brod

162
DE Fischereiforschungsprogramm
SRÜ V/Art.62
EN fisheries research programme
FR programme de recherche déterminé sur les pêches
ES programa de investigación pesquera
RU программа рыбохозяйственных исследований
SH ribarstvenoistraživački program

163
DE Fischereirechte
SRÜ IV/Art.51
EN fishing rights
FR droits de pêche
ES derechos de pesca
RU права на рыболовство
SH ribolovna prava

164
DE Fischereitätigkeit
SRÜ II/Art.19
EN fishing activity
FR pêche
ES actividad de pesca
RU рыболовная деятельность
SH ribolovna delatnost

165
DE Fischereitechnologie
SRÜ V/Art.62
EN fisheries technology
FR techniques dans le domaine des pêches
ES tecnología pesquera
RU технология рыбного промысла
SH tehnologija ribarstva

166
DE Fischereiwirtschaft
SRÜ V/Art.62
EN fishing industry
FR industrie de la pêche
ES industria pesquera
RU рыбная промышленность
SH ribarska industrija

167
DE Fischfanggerät
SRÜ VII/Art.115
EN fishing gear
FR engins de pêche
ES aparejo de pesca
RU рыболовная снасть
SH ribolovni alat

168
DE Flagge führen
SRÜ VII/Art.91
EN fly its flag, to
FR battre son pavillon
ES enarbolar su pabellón
RU плавать под его флагом
SH vijati zastavu

169
DE Flagge zeigen
SRÜ VII/Art.110
EN show the flag, to
FR arborer le pavillon
ES izar el pabellón
RU поднять флаг
SH istaći zastavu

170
DE Flaggenstaat
SRÜ II/Art.27
EN flag State
FR Etat du pavillon
ES Estado del pabellón
RU государство флага
SH država zastave

171
DE Flottenhilfsschiffe
SRÜ XII/Art.236
EN naval auxiliary vessels
FR navires auxiliaires
ES naves auxiliares
RU военно-вспомогательные суда
SH pomoćni ratni brodovi

172
DE Flugstrecke
SRÜ IV/Art.53
EN air route
FR route aérienne
ES ruta aérea
RU воздушный коридор
SH vazdušni put

173
DE Fonds für Ausgleichszahlungen
SRÜ XI/Art.171
EN compensation fund
FR fonds de compensation
ES fondo de compensación
RU компенсационный фонд
SH kompenzacijski fond

174
DE förmliche Bestätigung
SRÜ XVII/Art.306
EN formal confirmation
FR confirmation formelle
ES confirmación formal
RU официальное подтверждение
SH formalna potvrda

175
DE Forschungsarbeiten
SRÜ II/Art.19
EN research activity
FR recherche
ES actividad de investigación
RU исследовательская деятельность
SH obavljanje istraživanja

176
DE Forschungspersonal
SRÜ XIV/Art.274
EN research staff
FR personnel de recherche
ES personal investigador
RU научно-исследовательский персонал
SH istraživačko osoblje

177
DE Forschungsprogramme
SRÜ XII/Art.202
EN research programmes
FR programmes de recherche
ES programas de investigación
RU программы научных исследований
SH programi za istraživanja

178
DE Fortbestand der lebenden Ressourcen
SRÜ XV/Art.297
EN maintenance of living resources
FR maintien des ressources biologiques
ES preservación de los recursos vivos
RU состояние живых ресурсов
SH održavanje živih bogatstava

179
DE Fregattmakrele
(Auxis thazard; Auxis rochei)
SRÜ Anl.I
EN frigate mackerel
FR auxide
ES melva
RU макрелевый тунец
SH tumbarelac
SH rumbac

180
DE Freigabe eines Schiffes
SRÜ VII/Art.111
EN release of a ship
FR mainlevée de l'immobilisation d'un navire
ES poner el buque en libertad
RU освобождение судна
SH puštanje broda

181
DE freigewordene Sitze (Gerichtshof)
SRÜ Anl.VI/Art.6
EN vacancies (Tribunal)
FR sièges vacants (Tribunal)
ES vacantes (Tribunal)
RU вакансии (Трибунал)
SH upražnjena mesta (Sud)

182
DE Freiheit der Fischerei
SRÜ VII/Art.87
EN freedom of fishing
FR liberté de la pêche
ES libertad de pesca
RU свобода рыболовства
SH sloboda ribolova

183
DE Freiheit der Schiffahrt
SRÜ III/Art.36
EN freedom of navigation
FR liberté de navigation
ES libertad de navegación
RU свобода судоходства
SH sloboda plovidbe

184
DE Freiheit der wissenschaftlichen Forschung
SRÜ VII/Art.87
EN freedom of scientific research
FR liberté de la recherche scientifique
ES libertad de investigación científica
RU свобода научных исследований
SH sloboda naučnog istraživanja

185
DE Freiheit des Überflugs
SRÜ III/Art.36
EN freedom of overflight
FR liberté de survol
ES libertad de sobrevuelo
RU свобода полета
SH sloboda preletanja

186
DE Freisetzen von giftigen oder schädlichen Stoffen oder von Schadstoffen
SRÜ XII/Art.194
EN release of toxic, harmful or noxious substances
FR évacuation de substances toxiques, nuisibles ou nocives
ES evacuación de sustancias tóxicas, perjudiciales o nocivas
RU выброс токсичных, вредных или ядовитых веществ
SH ispuštanje otrovnih, štetnih ili škodljivih materija

187
DE Freizone
SRÜ X/Art.128
EN free zone
FR zone franche
ES zona franca
RU беспошлинная зона
SH slobodna zona

188
DE friedliche Durchfahrt
(Die Durchfahrt ist friedlich, solange sie nicht den Frieden, die Ordnung oder die Sicherheit des Küstenstaats beeinträchtigt.)
SRÜ II/Art.17, Art.19, Art.24, Art.25
EN innocent passage
FR passage inoffensif
ES paso inocente
RU мирный проход
SH neškodljivi prolazak

189
DE friedliche Mittel
SRÜ XV/Art.279
EN peaceful means
FR moyens pacifiques
ES medios pacíficos
RU мирные средства
SH mirna sredstva

190
DE Führungspersonal
SRÜ XIV/Art.274
EN managerial staff
FR personnel de gestion
ES personal ejecutivo
RU управленческий персонал
SH upravno osoblje

191
DE Funkfrequenz
SRÜ III/Art.39
EN radio frequency
FR fréquence radio
ES radiofrecuencia
RU радиочастота
SH radio-frekvencija

192
DE Funkverbindung
SRÜ VII/Art.109
EN radio communication
FR radiocommunication
ES radiocomunicación
RU радиосвязь
SH radio-veza

193
DE Garantie für Schulden
SRÜ Anl.IV/Art.11
EN debt guarantee
FR garantie de dette
ES garantía de deuda
RU гарантирование долга
SH jemstvo duga

194
DE Gebiet
(„Gebiet" bedeutet den Meeresboden und den Meeresuntergrund jenseits der Grenzen des Bereichs nationaler Hoheitsbefugnisse.)
SRÜ XI/Art.133 ff.
EN area
FR zone
ES zona
RU район
SH zona

195
DE Gebrauchswert des Meerwassers
SRÜ I/Art.1
EN quality for use of sea water
FR qualité de l'eau de mer du point de vue de son utilisation
ES calidad del agua del mar para su utilización
RU качество используемой морской воды
SH kvalitet morske vode za upotrebu

196
DE Gefällwechsel
SRÜ VI/Art.76
EN change in the gradient
FR rupture de pente
ES cambio de gradiente
RU изменение уклона
SH promena u nagibu

197
DE Gelbflossenthunfisch
(Thunnus albacares)
SRÜ Anl.I
EN yellowfin tuna
FR thon à nageoire jaune
ES rabil
RU желтоперый тунец
SH tunj žutoperajni

198
DE gemeinsames Erbe der Menschheit
SRÜ X/Art.125/Art.313
EN common heritage of mankind
FR patrimoine commun de l'humanité
ES patrimonio común de la humanidad
RU общее наследие человечества
SH opšte dobro čovečanstva

199
DE gemeinschaftliche Unternehmungen
SRÜ Anl.III/Art.11
EN joint ventures
FR entreprises conjointes
ES empresas conjuntas
RU совместные предприятия
SH zajednički poduhvati

200
DE Generaldirektor des Unternehmens
SRÜ XI/Art.160/Anl.IV/Art.4/7
EN Director-General of the Enterprise
FR Directeur général de l'Entreprise
ES Director General de la Empresa
RU Генеральный директор Предприятия
SH generalni direktor Preduzeća

201
DE Generalsekretär (der Behörde)
SRÜ XI/Art.159/Art.166
EN Secretary-General (of the Authority)
FR Secrétaire général (de l'Autorité)
ES Secretario General (de la Autoridad)
RU Генеральный секретарь (Органа)
SH generalni sekretar (Vlasti)

202
DE Genfer Übereinkommen vom 29. April 1958 über das Seerecht
SRÜ XVII/Art.311
EN Geneva Conventions on the Law of the Sea of 29 April 1958
FR Conventions de Genève du 29 avril 1958 sur le droit de la mer
ES Convenciones de Ginebra sobre el Derecho del Mar, de 29 de abril de 1958
RU Женевские конвенции по морскому праву от 29 апреля 1958 года
SH Zenevske konvencije o pravu mora od 29. aprila 1958. godine

203
DE geodätische Daten
SRÜ II/Art.16
EN geodetic datum
FR système géodésique
ES datum geodésico
RU геодезические данные
SH geodetski podaci

204
DE geographisch benachteiligte Staaten
(Küstenstaaten – einschließlich Staaten, die an umschlossenen oder halbumschlossenen Meeren liegen –, deren geographische Lage sie von der Ausbeutung der lebenden Ressourcen der ausschließlichen Wirtschaftszonen anderer Staaten in der Subregion oder Region für die angemessene Versorgung mit Fisch zu Nahrungszwecken abhängig macht, sowie Küstenstaaten, die keine eigene ausschließliche Wirtschaftszone beanspruchen können)
SRÜ V/Art.70
EN geographically disadvantaged States
FR Etats géographiquement désavantagés
ES Estados en situación geográfica desventajosa
RU государства, находящиеся в географически неблагоприятном положении
SH države u nepovoljnom geografskom položaju

205
DE geologische Erforschung des Meeresbodens
SRÜ XIV/Art.277
EN geological exploration of the sea-bed
FR exploration géologique des fonds marins
ES exploración geológica de los fondos marinos
RU геологическая разведка морского дна
SH geološko istraživanje morskog dna

206
DE gerade Basislinie
SRÜ II/Art.7
EN straight baseline
FR ligne de base droite
ES línea de base recta
RU прямая исходная линия
SH ravna polazna linija

207
DE gerechte Verteilungsmaßstäbe
SRÜ VI/Art.82
EN equitable sharing criteria
FR critères de partage équitables
ES criterios de distribución equitativa
RU распределение на основе критериев справедливости
SH kriterijumi o pravičnoj raspodeli

208
DE Gerichtshof
(Internationaler Seegerichtshof)
SRÜ Anl.VI/Art.1
EN Tribunal
FR Tribunal
ES Tribunal
RU Трибунал
SH Sud

209
DE gesamtschuldnerische Haftung
SRÜ Anl.IX/Art.6
EN joint and several liability
FR conjointement et solidairement responsable
ES responsabilidad conjunta y solidaria
RU солидарная ответственность
SH zajednička i pojedinačna odgovornost

210
DE Geschäftsordnung
SRÜ XI/Art.159-XI/Art.162-Anl.IV/Art.6
EN rules of procedure
FR règlement intérieur
ES reglamento
RU правила процедуры
SH poslovnik

211
DE Gewässer über …
SRÜ VI/Art.78
EN superjacent waters
FR eaux surjacentes
ES aguas suprayacentes
RU покрывающие воды
SH vode iznad …

212
DE Gewinnung von Mineralien
SRÜ Anl.III/Art.1
EN recovery of minerals
FR extraction de minéraux
ES extracción de minerales
RU добыча полезных ископаемых
SH vađenje ruda

213
DE Gewinnungsarbeiten größeren Umfangs
SRÜ Anl.III/Art.17
EN large-scale recovery operations
FR opérations d'extraction à grande échelle
ES extracción en gran escala
RU крупномасштабные операции по добыче
SH vađenje velikih razmera

214
DE Gipfel (des Festlandrands)
SRÜ VI/Art.76
EN cap (of the continental margin)
FR crête (de la marge continentale)
ES cima (del margen continental)
RU вздутие (окраины материка)
SH brežuljak (kontinentalne ivice)

215
DE Gleichbehandlung in Seehäfen
SRÜ X/Art.131
EN equal treatment in maritime ports
FR égalité de traitement dans les ports de mer
ES igualdad de trato en los puertos marítimos
RU равенство режима в морских портах
SH jednakost postupanja u morskim lukama

216
DE Goldmakrele
(Coryphaena hippurus; Coryphaena equiselis)
SRÜ Anl.I
EN dolphin
FR coryphène
FR dorade tropicale
ES dorado
RU корифена
SH delfin

217
DE Großaugenthunfisch
(Thunnus obesus)
SRÜ Anl.I
EN bigeye tuna
FR thon obèse à gros oeil
ES patudo
RU большеглазый тунец
SH tunj velikooki

218
DE Grundlage des gegenseitigen Nutzens
SRÜ XIII/Art.242
EN basis of mutual benefit
FR base de la réciprocité des avantages
ES base del beneficio mutuo
RU взаимовыгодная основа
SH osnov uzajamne koristi

219
DE Grundsatz der Achtung der Souveränität und der Hoheitsbefugnisse
SRÜ XIII/Art.242
EN principle of respect for sovereignty and jurisdiction
FR principe du respect de la souveraineté et de la juridiction
ES principio del respeto de la soberanía y de la jurisdicción
RU принцип уважения суверенитета и юрисдикции
SH načelo poštovanja suverenosti i jurisdikcije

220
DE Grundsatz der souveränen Gleichheit
SRÜ XI/Art.157
EN principle of sovereign equality
FR principe de l'égalité souveraine
ES principio de la igualdad soberana
RU принцип суверенного равенства
SH načelo suverene jednakosti

221
DE Grundsätze und Richtlinien
(vom Rat beschlossen)
SRÜ XI/Art.163
EN guidelines and directives
FR principes et directives
ES orientaciones y directrices
RU принципы и директивы
SH smernice i uputstva

222
DE gütliche Beilegung der Streitigkeit
SRÜ Anl.V/Art.5
EN amicable settlement of the dispute
FR règlement amiable du différend
ES solución amistosa de la controversia
RU дружественное урегулирование спора
SH prijateljsko rešenje spora

223
DE Hafenstaat
SRÜ XII/Art.218
EN port State
FR Etat du port
ES Estado del puerto
RU государство порта
SH država luke

224
DE Haftungsbeschränkung
SRÜ Anl.IV/Art.3
EN limitation of liability
FR limitation de responsabilité
ES limitación de responsabilidad
RU ограничение ответственности
SH ograničenje odgovornosti

225
DE halbumschlossenes Meer
SRÜ V/Art.70, IX/Art.122
EN semi-enclosed sea
FR mer semi-fermée
ES mar semicerrado
RU полузамкнутое море
SH poluokruženo more

226
DE Handelsgeschäfte entsprechend den Grundsätzen eines unabhängigen
Unternehmens
SRÜ Anl.III/Art.13
EN arm's length transactions
FR transactions conformes aux principes de l'entreprise indépendante
ES transacciones con arreglo a la norma de la independencia
RU формальные сделки
SH „arm's length" transakcije

227
DE Handelsschiedsgericht
SRÜ XI/Art.188
EN commercial arbitral tribunal
FR tribunal arbitral commercial
ES tribunal arbitral comercial
RU коммерческий арбитраж
SH trgovački arbitražni sud

228
DE Handelsschiff
SRÜ II/Art.27
EN merchant ship
FR navire marchand
ES buque mercante
RU торговое судно
SH trgovački brod

229
DE Häufigkeit der Knollen
SRÜ Anl.III/Art.8
EN abundance of nodules
FR concentration de nodules
ES concentración de nódulos
RU плотность залегания конкреций
SH gustoća nodula

230
DE Hauptgeschäftsstelle (des Unternehmens)
SRÜ XI/Art.170
EN principal place of business (of the Enterprise)
FR établissement principal (de l'Entreprise)
ES oficina principal (de la Empresa)
RU главная контора (Предприятия)
SH glavno poslovno sedište (Preduzeća)

231
DE Hauptorgan (der Behörde)
SRÜ XI/Art.160
EN principal organ (of the Authority)
FR organe principal (de l'Autorité)
ES órgano supremo (de la Autoridad)
RU главный орган (Органа)
SH glavni organ (Vlasti)

232
DE heranreifender Fisch
SRÜ V/Art.67
EN maturing fish
FR poisson parvenu au stade de la maturation
ES pez en la fase de maduración
RU половозрелая рыба
SH odrasla riba

233
DE Hindernis für das Verfahren
SRÜ Anl.V/Art.12
EN bar to the proceedings
FR obstacle à la procédure
ES obstáculo para la sustanciación del procedimiento
RU препятствовать возбуждению разбирательства
SH smetnja postupku

234
DE historische Buchten
SRÜ II/Art.10
EN historic bays
FR baies historiques
ES bahías históricas
RU исторические заливы
SH istorijski zalivi

235
DE historische Gegenstände
SRÜ XVI/Art.303
EN historical objects
FR objets historiques
ES objetos históricos
RU исторические объекты
SH istorijski predmeti

236
DE historischer Rechtstitel
SRÜ II/Art.15
EN historic title
FR titre historique
ES derecho histórico
RU исторически сложившееся правовое основание
SH istorijski naziv

237
DE Hohe See
SRÜ VII/Art.87
EN high seas
FR haute mer
ES alta mar
RU открытое море
SH otvoreno more

238
DE Hoheitsbefugnisse der Meerengenanliegerstaaten
SRÜ III/Art.34
EN jurisdiction of the States bordering the straits
FR juridiction des Etats riverains des détroits
ES jurisdicción de los Estados ribereños del estrecho
RU юрисдикция государств, граничащих с проливами
SH jurisdikcija obalnih država na tesnacima

239
DE Hoheitsgewalt
SRÜ VII/Art.92
EN jurisdiction
FR juridiction
ES jurisdicción
RU юрисдикция
SH jurisdikcija

240
DE Hydrographie
SRÜ XIV/Art.277
EN hydrography
FR hydrographie
ES hidrografia
RU гидрография
SH hidrografija

241
DE hydrographische Vermessungen
SRÜ II/Art.21
EN hydrographic surveys
FR levés hydrographiques
ES levantamientos hidrográficos
RU гидрографические съемки
SH hidrografska merenja

242
DE Immunität von der Gerichtsbarkeit
SRÜ XI/Art.178
EN immunity from legal process
FR immunité de juridiction et d'exécution
ES inmunidad de jurisdicción y de ejecución
RU иммунитет от юрисдикции
SH izuzeća od zakonom predviđenog postupka

243
DE Immunität von Durchsuchung
SRÜ XI/Art.179
EN immunity from search
FR exemption de perquisition
ES inmunidad de registro
RU иммунитет от обыска
SH izuzeće od pretresa

244
DE Immunitäten der Kriegsschiffe
SRÜ II/Art.32
EN immunities of warships
FR immunités des navires de guerre
ES inmunidades de los buques de guerra
RU иммунитет военных кораблей
SH izuzeća ratnih brodova

245
DE in See gehen
SRÜ XII/Art.217
EN proceed to sea, to
FR appareiller
ES zarpar
RU выйти в море
SH isploviti

246
DE Ingenieurwesen
SRÜ XIV/Art.277
EN engineering
FR ingénierie
ES ingeniería
RU инженерное дело
SH tehnika

247
DE innere Gewässer
(Dazu gehören die landwärts der Basislinie des Küstenmeers gelegenen Gewässer.)
SRÜ II/Art.2, Art.8
EN internal waters
FR eaux intérieures
ES aguas interiores
RU внутренние воды
SH unutrašnje morske vode

248
DE innere Verwaltung (der Behörde)
SRÜ XI/Art.162
EN internal administration (of the Authority)
FR administration interne (de l'Autorité)
ES administración interna (de la Autoridad)
RU внутреннее административное управление (Органа)
SH unutrašnja administracija (Vlasti)

249
DE innerstaatliche Rechtsmittel
SRÜ XV/Art.295
EN local remedies
FR recours internes
ES recursos internos
RU местные средства правовой защиты
SH unutrašnja pravna sredstva

250
DE innerstaatliche Rechtsvorschriften
SRÜ XII/Art.207
EN national legislation
FR droit interne
ES legislación nacional
RU национальное законодательство
SH nacionalno zakonodavstvo

251
DE Inselkette
SRÜ II/Art.7
EN fringe of islands
FR chapelet d'îles
ES franja de islas
RU цепь островов
SH niz ostrva

252
DE intensive Fischerei
SRÜ XI/Art.147
EN intense fishing activity
FR pêche intensive
ES intensa actividad pesquera
RU интенсивная рыбопромысловая деятельность
SH razvijeni ribolov

253
DE international vereinbarte Normen/Regeln
SRÜ XII/Art.207
EN internationally agreed standards/rules
FR normes/règles internationalement convenues
ES normas/reglas que se hayan convenido internacionalmente
RU согласованные в международном порядке стандарты/нормы
SH međunarodno priznati standardi/pravila

254
DE Internationale Hydrographische Organisation
SRÜ Anl.II/Art.3
EN International Hydrographic Organization
FR Organisation hydrographique internationale
ES Organización Hidrográfica Internacional
RU Международная гидрографическая организация
SH Međunarodna hidrografska organizacija

255
DE Internationale Meeresbodenbehörde
SRÜ XI/Art.156 ff.
EN International Sea-Bed Authority
FR Autorité internationale des fonds marins
ES Autoridad Internacional de los Fondos Marinos
RU Международный орган по морскому дну
SH Međunarodna vlast za morsko dno

256
DE internationale Notfunkfrequenz
SRÜ III/Art.39
EN international distress radio frequency
FR fréquence internationale de détresse
ES radiofrecuencia de socorro internacional
RU международная частота, выделенная для передачи сигналов бедствия
SH međunarodna radio-frekvencija u slučaju nužde

257
DE Internationale Regeln zur Verhütung von Zusammenstößen auf See
SRÜ III/Art.39
EN International Regulations for Preventing Collisions at Sea
FR Règlement international pour prévenir les abordages en mer
ES Reglamento Internacional para Prevenir los Abordajes
RU Международные правила предупреждения столкновения в море
SH Međunarodna pravila o izbegavanju sudara na moru

258
DE Internationale Vorschriften zum Schutz des menschlichen Lebens auf See
SRÜ VII/Art.94
EN international regulations concerning the safety of life at sea
FR règles internationales concernant la sauvegarde de la vie humaine en mer
ES reglamentos internacionales aplicables que se refieran a la seguridad de la vida en el mar
RU международные правила по вопросам охраны человеческой жизни на море
SH međunarodni propisi o bezbednosti života na moru

259
DE Internationaler Seegerichtshof
SRÜ XI/Art.159
EN International Tribunal for the Law of the Sea
FR Tribunal international du droit de la mer
ES Tribunal Internacional del Derecho del Mar
RU Международный трибунал по морскому праву
SH Međunarodni sud za pravo mora

260
DE Investitionsrendite
SRÜ Anl.III/Art.13
EN return on investment
FR rendement de l'investissement
ES rendimiento de la inversión
RU доход от капиталовложений
SH dobit od investicija

261
DE Jahresbericht
SRÜ XI/Art.162-Anl.IV/Art.6
EN annual report
FR rapport annuel
ES informe anual
RU ежегодный доклад
SH godišnji izveštaj

262
DE jährliche Rechnungsprüfung
SRÜ XI/Art.175
EN annual audit
FR vérification annuelle des comptes
ES verificación anual de cuentas
RU ежегодная ревизия
SH godišnji finansijski pregled

263
DE jährlicher Haushalt
SRÜ XI/Art.162-Anl.IV/Art.6
EN annual budget
FR budget annuel
ES presupuesto anual
RU годовой бюджет
SH godišnji budžet

264
DE jährlicher Haushalt (des Unternehmens)
SRÜ Anl.IV/Art.6
EN annual budget (of the Enterprise)
FR budget annuel (de l'Entreprise)
ES presupuesto anual (de la Empresa)
RU ежегодный бюджет (Предприятия)
SH godišnji budžet (Preduzeća)

265
DE Jungfisch
SRÜ V/Art.67
EN juvenile fish
FR poisson pas encore au stade de la maturation
ES pez en la fase juvenil
RU молодь
SH mlađ

266
DE Kammer für abgekürztes Verfahren
SRÜ Anl.VI/Art.25
EN chamber of summary procedure
FR chambre de procédure sommaire
ES sala de procedimiento sumario
RU камера упрощенного производства
SH veće za odlučivanje kratkim postupkom

267
DE Kammer für Meeresbodenstreitigkeiten
SRÜ XI/Art.159/Art.187-Anl.VI/Abschn.4
EN Sea-Bed Disputes Chamber
FR Chambre pour le règlement des différends relatifs aux fonds marins
ES Sala de Controversias de los Fondos Marinos
RU Камера по спорам, касающимся морского дна
SH Veće za sporove o morskom dnu

268
DE Kanzler (des Gerichtshofs)
SRÜ Anl.VI/Art.12
EN Registrar (of the Tribunal)
FR Greffier (du Tribunal)
ES Secretario (del Tribunal)
RU Секретарь (Трибунала)
SH sekretar (Suda)

269
DE Kapitänspatent
SRÜ VII/Art.97
EN master's certificate
FR brevet de commandement
ES certificado de capitán
RU диплом судоводителя
SH svedočanstvo zapovednika

270
DE Kartierung
SRÜ Anl.III/Art.8
EN mapping
FR levés
ES levantamiento cartográfico
RU составление карт
SH kartografsko prikazivanje

271
DE katadrome Arten
SRÜ V/Art.67
EN catadromous species
FR espèces catadromes
ES especies catádromas
RU катадромные виды
SH katadromne vrste

272
DE Kennzeichnungen und Warnsignale
SRÜ XIII/Art.262
EN identification markings and warning signals
FR marques d'identification et moyens de signalisation
ES signos de identificación y señales de advertencia
RU опознавательные знаки и средства предупреждения
SH oznake za identifikaciju i znaci upozorenja

273
DE Kernbohrungen
SRÜ Anl.III/Art.17
EN coring
FR carottage
ES extracción de muestras
RU взятие проб
SH skidanje kore

274
DE Klageschrift
SRÜ Anl.VI/Art.24
EN written application
FR requête
ES solicitud escrita
RU письменное заявление
SH pismeni zahtev

275
DE Kleiner Thunfisch
(Euthynnus alletteratus; Euthynnus affinis)
SRÜ Anl.I
EN little tuna
FR thonine
ES bonito del Pacífico
RU малый тунец
SH luc
SH mali tunj

276
DE Kommission für wirtschaftliche Planung
(Organ des Rates)
SRÜ XI/Art.160/Art.164
EN Economic Planning Commission
FR Commission de planification économique
ES Comisión de Planificación Económica
RU Экономическая плановая комиссия
SH Ekonomsko-planska komisija

277
DE Kommission zur Begrenzung des Festlandsockels
SRÜ Anl.II/Art.1
EN Commission on the Limits of the Continental Shelf
FR Commission des limites du plateau continental
ES Comisión de límites de la plataforma continental
RU Комиссия по границам континентального шельфа
SH Komisija za granice epikontinentalnog pojasa

278
DE Konsortium von Rechtsträgern
SRÜ Anl.III/Art.4
EN consortium of entities
FR consortium composé d'entités
ES consorcio de entidades
RU консорциум субъектов
SH konzorcijum pravnih subjekata

279
DE Kontroll- und Regelungsaufgaben
SRÜ XI/Art.153
EN functions of control and regulation
FR fonctions de contrôle et de réglementation
ES funciones de control y reglamentación
RU функции по контролю и регулированию
SH obavljanje nadzora i pravnog uređivanja

280
DE Kriegsschiff
SRÜ II/Art.29
EN warship
FR navire de guerre
ES buque de guerra
RU военный корабль
SH ratni brod

281
DE Krümmung der Küste
SRÜ II/Art.10
EN curvature of the coast
FR inflexion de la côte
ES inflexión de la costa
RU извилина берега
SH krivina obale

282
DE künstliche Insel
SRÜ II/Art.11
EN artificial island
FR île artificielle
ES isla artificial
RU искусственный остров
SH veštačko ostrvo

283
DE Küstenland
SRÜ Präambel
EN coastal country
FR pays côtier
ES país ribereño
RU прибрежная страна
SH pomorska zemlja

284
DE Küstenmeer
(angrenzender Meeresstreifen jenseits des Landgebiets, der inneren Gewässer bzw. der Archipelgewässer eines Staates)
SRÜ II/Art.2
EN territorial sea
FR mer territoriale
ES mar territorial
RU территориальное море
SH teritorijalno more

285
DE Küstenstaat
SRÜ II/Art.27
EN coastal State
FR Etat côtier
ES Estado ribereño
RU прибрежное государство
SH pomorska država

286
DE Landen von Luftfahrzeugen
SRÜ II/Art.19
EN landing of aircraft
FR appontage d'aéronefs
ES recepción de aeronaves
RU посадка летательного аппарата
SH spuštanje vazduhoplova

287
DE Landgebiet
SRÜ II/Art.7
EN land domain
FR domaine terrestre
ES dominio terrestre
RU береговая территория
SH kopneno područje

288
DE Landmasse des Küstenstaats
SRÜ VI/Art.76
EN land mass of the coastal State
FR masse terrestre de l'Etat côtier
ES masa continental del Estado ribereño
RU континентальный массив прибрежного государства
SH kopnene mase pomorske države

289
DE landwärts der äußeren Grenzen der ausschließlichen Wirtschaftszone
SRÜ V/Art.66
EN landward of the outer limits of the exclusive economic zone
FR en deçà des limites extérieures de la zone économique exclusive
ES en dirección a tierra a partir del límite exterior de la zona económica exclusiva
RU к берегу от внешних границ исключительной экономической зоны
SH unutar spoljnih granica isključive privredne zone

290
DE landwärts der Basislinie des Küstenmeers gelegene Gewässer
SRÜ II/Art.8
EN waters on the landward side of the baseline of the territorial sea
FR eaux situées en deçà de la ligne de base de la mer territoriale
ES aguas situadas en el interior de la línea de base del mar territorial
RU воды, расположенные в сторону берега от исходной линии территориального моря
SH vode od polazne linije teritorijalnog mora u smeru kopna

291
DE lebende Ressourcen
SRÜ VII/Art.118
EN living resources
FR ressources biologiques
ES recursos vivos
RU живые ресурсы
SH živa bogatstva

292
DE Lebensraum gefährdeter, bedrohter oder vom Aussterben bedrohter Arten
SRÜ XII/Art.194
EN habitat of depleted, threatened or endangered species
FR habitat des espèces en régression, menacées ou en voie d'extinction
ES hábitat de las especies diezmadas, amenazadas o en peligro
RU естественная среда видов, запасы которых истощены, подвергаются угрозе или опасности
SH postojbina vrsta koje su retke, ugrožene ili kojima preti opasnost istrebljenja

293
DE leitende Tätigkeit im Zusammenhang mit mineralischen Ressourcen
SRÜ XI/Art.164
EN management of mineral resource activities
FR gestion des ressources minérales
ES administración de actividades relacionadas con los recursos minerales
RU управление деятельностью, связанной с минеральными ресурсами
SH rukovođenje delatnostima u vezi s mineralnim bogatstvima

294
DE Lizenzverträge
SRÜ Anl.III/Art.5
EN licences
FR accords de licence
ES licencias
RU лицензии
SH licence

295
DE Luftfahrzeuge im Staatsdienst
SRÜ XII/Art.224
EN aircraft on government service
FR aéronefs affectés à un service public
ES aeronaves al servicio de un gobierno
RU летательные аппараты, состоящие на правительственной службе
SH vazduhoplovi u vladinoj službi

296
DE Luftverkehrskontrollbehörde
SRÜ III/Art.39
EN air traffic control authority
FR autorité désignée pour le contrôle de la circulation aérienne
ES autoridad de control del tráfico aéreo
RU орган по контролю за воздушным движением
SH telo za kontrolu vazdušnog saobraćaja

297
DE Makrelenhecht
(Scomberesox saurus; Cololabis saira; Cololabis adocetus; Scomberesox saurus scombroides)
SRÜ Anl.I
EN saury
FR sauri
FR balaou
ES paparda
RU сайра
SH iglica okeanska
SH štukoskuška

298
DE Marktzugangsbedingungen
SRÜ XI/Art.150
EN conditions of access to markets
FR conditions d'accès aux marchés
ES condiciones de acceso a los mercados
RU условия доступа к рынкам
SH uslovi pristupa tržištima

299
DE Meerenge
SRÜ III/Art.34
EN strait
FR détroit
ES estrecho
RU пролив
SH tesnac

300
DE Meerengenanliegerstaat
SRÜ III/Art.34
EN State bordering a strait
FR Etat riverain du détroit
ES Estado ribereño del estrecho
RU государство, граничащее с проливом
SH obalna država na tesnacu

301
DE Meeresbergbau
SRÜ XI/Art.165
EN ocean mining
FR activités minières en mer
ES minería marina
RU морское горное дело
SH dubokomorsko rudarstvo

302
DE Meeresboden
SRÜ Präambel
EN sea-bed
EN ocean floor
FR fond des mers
FR fond des océans
ES fondos marinos
ES fondos oceánicos
RU дно морей
RU дно океанов
SH morsko dno
SH okeansko dno

303
DE Meeresbodenbergbau
SRÜ Anl.III/Art.13
EN sea-bed mining
FR extraction des ressources (des fonds marins)
ES extracción de recursos de los fondos marinos
RU разработка ресурсов морского дна
SH dubokomorsko rudarstvo

304
DE Meereshai
(Hexanchus griseus; Cetorhinus maximus; Familie Alopiidae; Rhincodon typus; Familie Carcharhinidae; Familie Sphyrnidae; Familie Isurida)
SRÜ Anl.I
EN oceanic shark
FR requin
ES tiburón oceánico
RU океанская акула
SH okeanski morski pas

305
DE Meeresraum
SRÜ Präambel
EN ocean space
FR espace marin
ES espacio marino
RU морское пространство
SH okeanski prostor

306
DE Meeresressourcen
SRÜ XIV/Art.275
EN marine resources
FR ressources marines
ES recursos marinos
RU морские ресурсы
SH morska bogatstva

307
DE Meeressäugetier
SRÜ V/Art.65
EN marine mammal
FR mammifère marin
ES mamífero marino
RU морское млекопитающее
SH morski sisar

308
DE Meeresstreifen
SRÜ II/Art.2
EN belt of sea
FR zone de mer
ES franja de mar
RU морской пояс
SH pojas mora

309
DE meerestechnologische Leistungsfähigkeit
SRÜ XIV/Art.266
EN marine technological capacity
FR capacité dans le domaine des techniques marines
ES capacidad en la esfera de la tecnología marina
RU морской технический потенциал
SH tehnološki potencijal u području mora

310
DE Meeresumwelt
SRÜ Präambel
EN marine environment
FR milieu marin
ES medio marino
RU морская среда
SH morska okolina

311
DE Meeresuntergrund
SRÜ Präambel
EN subsoil of the sea-bed
FR sous-sol du fond des mers
ES subsuelo del fondo marino
RU недра дна морей
SH morsko i okeansko podzemlje

312
DE meereswissenschaftliche Kenntnisse
SRÜ XIV/Art.266
EN marine science
FR sciences de la mer
ES ciencia marina
RU морские научные знания
SH naučna saznanja o moru

313
DE meereswissenschaftliche Leistungsfähigkeit
SRÜ XIV/Art.266
EN marine scientific capacity
FR capacité dans le domaine des sciences marines
ES capacidad en la esfera de la ciencia marina
RU морской научный потенциал
SH naučni potencijal u području mora

314
DE Meistbegünstigungsklausel
SRÜ X/Art.126
EN most-favoured-nation clause
FR clause de la nation la plus favorisée
ES cláusula de la nación más favorecida
RU клаузула о наиболее благоприятствуемой нации
SH klauzula najpovlašćenije nacije

315
DE Metallgehalt
SRÜ Anl.III/Art.8
EN metal content
FR métaux (contenus)
ES composición metálica
RU содержание металлов
SH sastav metala

316
DE militärische Handlungen
SRÜ XV/Art.298
EN military activities
FR activités militaires
ES actividades militares
RU военная деятельность
SH vojne delatnosti

317
DE militärisches Gerät
SRÜ II/Art.19
EN military device
FR engins militaires
ES dispositivos militares
RU военное устройство
SH vojna naprava

318
DE Militärluftfahrzeug
SRÜ VII/Art.107
EN military aircraft
FR aéronef militaire
ES aeronave militar
RU военный летательный аппарат
SH vojni vazduhoplov

319
DE Mißbrauch der Befugnisse (durch die Behörde)
SRÜ XI/Art.187
EN misuse of power (by the Authority)
FR détournement de pouvoir (par l'Autorité)
ES desviación de poder (por la Autoridad)
RU злоупотребление полномочиями (Органом)
SH zloupotreba ovlašćenja (od strane Vlasti)

320
DE Mitteilung des Widerrufs
SRÜ XV/Art.287
EN notice of revocation
FR notification de révocation
ES notificación de revocación
RU уведомление об отзыве (заявления)
SH izveštaj o opozivu

321
DE Mittellinie
(Linie, auf der jeder Punkt gleich weit von den nächstgelegenen Punkten der Basislinien entfernt ist, von denen aus die Breite des Küstenmeers eines jeden von zwei Staaten gemessen wird)
SRÜ II/Art.15
EN median line
FR ligne médiane
ES línea media
RU срединная линия
SH linija sredine

322
DE Mittellinie
(Archipelschiffahrtswege und darüberliegende Flugstrecken werden durch eine Reihe fortlaufender Mittellinien bestimmt, die von den Eingangspunkten zu den Ausgangspunkten der Durchfahrtswege führen.)
SRÜ IV/Art.53
EN axis line
FR ligne axiale
ES línea axial
RU осевая линия
SH aksijalna linija

323
DE Möglichkeiten der Abhilfe
SRÜ XII/Art.200
EN remedies
FR remèdes possibles
ES remedios
RU средства борьбы
SH način i sredstva za uklanjanje posledica

324
DE Moratorium
SRÜ XI/Art.180
EN moratorium
FR moratoire
ES moratoria
RU мораторий
SH moratorijumi

325
DE mündliche Verhandlung
SRÜ Anl.VI/Art.26
EN hearing
FR audience
ES vistas
RU слушание
SH rasprava

326
DE Mutterschiff
SRÜ VII/Art.111
EN mother ship
FR navire gigogne
ES buque nodriza
RU судно-база
SH brod matica

327
DE nationale Hoheitsbefugnisse
SRÜ Präambel
EN national jurisdiction
FR juridiction nationale
ES jurisdicción nacional
RU национальная юрисдикция
SH nacionalna jurisdikcija

328
DE nationale Zentren
SRÜ XIV/Art.275
EN national centres
FR centres nationaux
ES centros nacionales
RU национальные центры
SH nacionalni centri

329
DE natürlich entstandenes Land
SRÜ II/Art.13
EN naturally formed area of land
FR élévation naturelle de terrain
ES extensión natural de tierra
RU естественно образованное пространство
SH prirodni deo kopna

330
DE natürliche Ressourcen
SRÜ V/Art.56
EN natural resources
FR ressources naturelles
ES recursos naturales
RU природные ресурсы
SH prirodna bogatstva

331
DE natürlicher Öffnungspunkt
SRÜ II/Art.10
EN natural entrance point
FR point d'entrée naturel
ES punto natural de entrada
RU пункт естественного входа
SH prirodna ulazna tačka

332
DE Navigationsausrüstung
SRÜ VII/Art.94
EN navigational equipment
FR matériel de navigation
ES equipo de navegación
RU навигационное оборудование
SH navigaciona oprema

333
DE Navigationseinrichtung
SRÜ II/Art.21
EN navigational facility
FR système d'aide à la navigation
ES ayuda a la navegación
RU навигационное оборудование
SH navigacioni uređaj

334
DE Nebenorgan
(von FAO, UNEP, IOC bzw. IMO)
SRÜ Anl.VIII/Art.2
EN subsidiary body
FR organe subsidiaire
ES órgano subsidiario
RU вспомогательный орган
SH pomoćno telo

335
DE Nebenorgan (der Behörde)
SRÜ XI/Art.160
EN subsidiary organ (of the Authority)
FR organe subsidiaire (de l'Autorité)
ES órgano subsidiario (de la Autoridad)
RU вспомогательный орган (Органа)
SH pomoćni organ (Vlasti)

336
DE Nettoertrag des Vertragsnehmers
SRÜ Anl.III/Art.13
EN contractor's net proceeds
FR recettes nettes du contractant
ES ingresos netos del contratista
RU чистые поступления контрактора
SH čisti prihod ugovarača

337
DE Nettoexporteur
SRÜ XI/Art.161
EN net exporter
FR exportateur net
ES exportador neto
RU нетто-экспортер
SH čisti izvoznik

338
DE nicht begebbare Eigenwechsel
SRÜ Anl.IV/Art.11
EN non-negotiable promissory notes
FR billets à ordre non négociables
ES pagarés no negociables
RU необоротные простые векселя
SH neprenosive sopstvene menice

339
DE Nichtbeantwortung der Notifikation
(Notifikation über die Einleitung des Vergleichsverfahrens)
SRÜ Anl.V/Art.12
EN failure to reply to notification
FR ne pas répondre à la notification
ES no responder a la notificación
RU непредставление ответа на уведомление
SH propust da se odgovori na saopštenje

340
DE Nichtbehinderung auf Schiffahrtswegen
SRÜ XIII/Art.261
EN non-interference with shipping routes
FR obligation de ne pas créer d'obstacle à la navigation internationale
ES no obstaculización de las rutas de navegación internacional
RU непричинение помех на путях судоходства
SH neometanje plovnih puteva

341
DE nichtdiskriminierende Anforderungen
SRÜ Anl.III/Art.6
EN non-discriminatory requirements
FR conditions non discriminatoires
ES requisitos no discriminatorios
RU требования о недискриминации
SH nediskriminišući uslovi

342
DE Nichtdiskriminierung
SRÜ XII/Art.227
EN non-discrimination
FR non-discrimination
ES no discriminación
RU недопущение дискриминации
SH istovetno postupanje

343
DE Nichterfüllung der vertraglichen Verpflichtungen
SRÜ XI/Art.189
EN failure to comply with contractual obligations
FR manquement à les obligations contractuelles
ES incumplimiento de los obligaciones contractuales
RU невыполнение контрактных обязательств
SH propuštanje da udovolji ugovornim obavezama

344
DE Nichterscheinen (einer Partei)
SRÜ Anl.VI/Art.28
EN default (of a party)
FR défaut (d'une partie)
ES incomparecencia (de una parte)
RU неявка (стороны)
SH propuštanje (strane)

345
DE nichtfriedliche Durchfahrt
SRÜ II/Art.25
EN passage which is not innocent
FR passage qui n'est pas inoffensif
ES paso que no sea inocente
RU проход, не являющийся мирным
SH prolazak koji nije neškodljiv

346
DE nichtreserviertes Feld
SRÜ XI/Art.155
EN non-reserved area
FR secteur non réservé
ES área no reservada
RU незарезервированный район
SH nerezervisano područje

347
DE nichtstaatliche Organisationen
SRÜ XI/Art.169
EN non-governmental organizations
FR organisations non gouvernementales
ES organizaciones no gubernamentales
RU неправительственные организации
SH nevladine organizacije

348
DE Niedrigwasserlinie
SRÜ II/Art.5
EN low-water line
FR laisse de basse mer
ES línea de bajamar
RU линия наибольшего отлива
SH linija niske vode

349
DE Niedrigwassermarke
SRÜ II/Art.10
EN low-water mark
FR laisse de basse mer
ES línea de bajamar
RU отметка наибольшего отлива
SH linija niske vode

350
DE normale Basislinie
(Niedrigwasserlinie entlang der Küste)
SRÜ II/Art.5
EN normal baseline
FR ligne de base normale
ES línea de base normal
RU нормальная исходная линия
SH normalna polazna linija

351
DE Notfallpläne gegen Verschmutzung
SRÜ XII/Art.199
EN contingency plans against pollution
FR plans d'urgence contre la pollution
ES planes de emergencia contra la contaminación
RU планы чрезвычайных мер на случай загрязнения
SH planovi hitnih mera protiv zagađivanja

352
DE Notruf
SRÜ VII/Art.109
EN distress call
FR appel de détresse
ES llamada de socorro
RU сигнал бедствия
SH poziv za pomoć u nevolji

353
DE Nutzung der lebenden Ressourcen
SRÜ V/Art.62
EN utilization of living resources
FR exploitation des ressources biologiques
ES utilización de los recursos vivos
RU использование живых ресурсов
SH korišćenje živih bogatstava

354
DE Nutzung der Meere und Ozeane zu friedlichen Zwecken
SRÜ Präambel
EN peaceful uses of the seas and oceans
FR utilisations pacifiques des mers et des océans
ES usos con fines pacíficos de los mares y océanos
RU использование морей и океанов в мирных целях
SH miroljubiva upotreba mora i okeana

355
DE ökologische Beurteilung
SRÜ XII/Art.204
EN environmental assessment
FR évaluation écologique
ES evaluación ambiental
RU экологическая оценка
SH ekološka procena

356
DE ökologisches Gleichgewicht
SRÜ XI/Art.145
EN ecological balance
FR équilibre écologique
ES equilibrio ecológico
RU экологическое равновесие
SH ekološka ravnoteža

357
DE ordentliche Tagung (der Versammlung)
SRÜ XI/Art.159
EN regular session (of the Assembly)
FR session ordinaire (de l'Assemblée)
ES período ordinario de sesiones (de la Asamblea)
RU очередная сессия (Ассамблеи)
SH redovno zasedanje (Skupštine)

358
DE Ordnung der friedlichen Durchfahrt
SRÜ III/Art.45
EN régime of innocent passage
FR régime du passage inoffensif
ES régimen de paso inocente
RU режим мирного прохода
SH režim neškodljivog prolaska

359
DE Ordnung der inneren Gewässer
SRÜ II/Art.7
EN régime of internal waters
FR régime des eaux intérieures
ES régimen de las aguas interiores
RU режим внутренних вод
SH režim unutrašnjih morskih voda

360
DE Ordnung der Transitdurchfahrt
SRÜ III/Art.45
EN régime of transit passage
FR régime du passage en transit
ES régimen de paso en tránsito
RU режим транзитного прохода
SH režim tranzitnog prolaska

361
DE ordnungsgemäß bekanntmachen
SRÜ XII/Art.211
EN duly communicate, to
FR donner la publicité voulue
ES dar la debida publicidad
RU должным образом публиковать
SH pravosnažno objavljivati

362
DE Ozeanographie
SRÜ XIV/Art.277
EN oceanography
FR océanographie
ES oceanografia
RU океанография
SH okeanografija

363
DE Ozeanologie
SRÜ XI/Art.165
EN oceanology
FR océanologie
ES oceanología
RU океанология
SH okeanografija

364
DE Personen in Seenot
SRÜ VII/Art.98
EN persons in distress
FR personnes en détresse
ES personas que estén en peligro
RU терпящие бедствие
SH lica koja su u opasnosti

365
DE Plateau (des Festlandrands)
SRÜ VI/Art.76
EN plateau (of the continental margin)
FR plateau (de la marge continentale)
ES meseta (del margen continental)
RU плато (окраины материка)
SH dubokomorska ravnina (kontinentalne ivice)

366
DE polymetallische Knollen
SRÜ XI/Art.133
EN polymetallic nodules
FR nodules polymétalliques
ES nódulos polimetálicos
RU полиметаллические конкреции
SH polimetalni noduli

367
DE Populationen befischter Arten
SRÜ V/Art.61
EN populations of harvested species
FR stocks des espèces exploitées
ES poblaciones de las especies capturadas
RU популяции вылавливаемых видов
SH populacije lovljenih vrsta

368
DE Positionsmeldung des Schiffes
SRÜ V/Art.62
EN vessel position report
FR communication de la position du navire
ES informe sobre la posición del buque
RU сообщение о местонахождении судна
SH izveštaj o poziciji broda

369
DE Präsident
(besonderes Schiedsgericht/Gerichtshof/Kammer für Meeresbodenstreitigkeiten/Rat/Schiedsgericht/Versammlung)
SRÜ
Anl.VIII/Art.3-Anl.IV/Art.12-Anl.VI/Art.35-XI/Art.161-Anl.VII/Art.3-XI/Art.159
EN President
FR Président
ES Presidente
RU Председатель
SH predsednik

370
DE Probenentnahme aus den Fängen
SRÜ V/Art.62
EN sampling of catches
FR échantillonnage des captures
ES muestreo de las capturas
RU взятие проб уловов
SH uzimanje uzoraka ulova

371
DE Probennahme
SRÜ Anl.III/Art.8
EN sampling
FR échantillonnage
ES muestreo
RU взятие проб
SH uzorci

372
DE Produktionsabgabe
SRÜ Anl.III/Art.13
EN production charge
FR redevance sur la production
ES gravamen por concepto de producción
RU сбор за производство
SH dažbina na proizvodnju

373
DE Produktionsgenehmigung
SRÜ XI/Art.162
EN production authorization
FR autorisation de production
ES autorización de producción
RU разрешение на производство
SH dozvola proizvodnje

374
DE Produktionsgrenze
SRÜ Anl.III/Art.7
EN production limitation
FR limitation de production
ES límite de producción
RU ограничение производства
SH ograničenje proizvodnje

375
DE Produktionshöchstgrenze
SRÜ XI/Art.151
EN production ceiling
FR plafond de production
ES límite máximo de producción
RU верхний предел производства
SH najviši domet proizvodnje

376
DE Produktionsteilung
SRÜ Anl.III/Art.11
EN production sharing
FR partage de production
ES reparto de la producción
RU разделение продукции
SH podela proizvodnje

377
DE Prospektion
SRÜ XI/Art.162/Anl.III/Art.2
EN prospecting
FR prospection
ES prospección
RU поиск
SH ispitivanje

378
DE Prospektor
SRÜ Anl.III/Art.2
EN prospector
FR prospecteur
ES prospector
RU изыскатель
SH ispitivač

379
DE Prozeßführung
SRÜ Anl.VI/Art.27
EN conduct of case
FR conduite du procès
ES dirección del proceso
RU ведение дела
SH vođenje parnice

380
DE prozeßhindernde Einreden
SRÜ XV/Art.294
EN preliminary objections
FR exceptions préliminaires
ES excepciones preliminares
RU предварительные возражения
SH prethodni prigovori

381
DE Rat (der Behörde)
SRÜ XI/Art.161
EN Council (of the Authority)
FR Conseil (de l'Autorité)
ES Consejo (de la Autoridad)
RU Совет (Органа)
SH Veće (Vlasti)

382
DE Rechnungsprüfer
SRÜ XI/Art.175
EN auditor
FR contrôleur
ES auditor
RU ревизор
SH stručnjak za finansije

383
DE Recht auf Modifikation des Verfahrens
SRÜ Anl.V/Art.10
EN right to modify procedure
FR droit de déroger à la procédure
ES derecho a modificar el procedimiento
RU право изменять процедуру
SH pravo strana da izmene postupak

384
DE Recht auf wissenschaftliche Meeresforschung
SRÜ XIII/Art.238
EN right to conduct marine scientific research
FR droit d'effectuer des recherches scientifiques marines
ES derecho a realizar investigaciones científicas marinas
RU право проводить морские научные исследования
SH pravo obavljanja naučnog istraživanja mora

385
DE Recht auf Zugang
SRÜ X/Art.125
EN right of access
FR droit d'accès
ES derecho de acceso
RU право на доступ
SH pravo pristupa

386
DE Recht der Nacheile
SRÜ VII/Art.111
EN right of hot pursuit
FR droit de poursuite
ES derecho de persecución
RU право преследования по горячим следам
SH pravo progona

387
DE Recht der Schiffahrt
SRÜ VII/Art.90
EN right of navigation
FR droit de navigation
ES derecho de navegación
RU право судоходства
SH pravo plovidbe

388
DE Recht zum Betreten
SRÜ VII/Art.110
EN right of visit
FR droit de visite
ES derecho de visita
RU право на осмотр
SH pravo pregleda

389
DE Rechte gutgläubiger Dritter
SRÜ VII/Art.105
EN rights of third parties acting in good faith
FR réserve faite des tiers de bonne foi
ES derechos de los terceros de buena fe
RU права добросовестных третьих лиц
SH prava trećih lica koja postupaju u dobroj veri

390
DE Rechte und Pflichten der Staaten
SRÜ XIII/Art.242
EN rights and duties of States
FR droits et obligations des Etats
ES derechos y deberes de los Estados
RU права и обязанности государств
SH prava i obaveze država

391
DE Rechte und Vorrechte aus der Mitgliedschaft
SRÜ XI/Art.185
EN rights and privileges of membership
FR droits et privilèges inhérents à la qualité de membre
ES derechos y privilegios inherentes a la calidad de miembro
RU права и привилегии членства
SH prava i povlastice iz članstva

392
DE Rechte und Vorrechte der Mitglieder
SRÜ XI/Art.184
EN rights and privileges of members
FR droits et privilèges des membres
ES derechos y privilegios de los miembros
RU права и привилегии членов
SH prava i povlastice članica

393
DE rechtlich geschützte Daten
SRÜ XI/Art.181
EN proprietary data
FR données qui sont propriété industrielle
ES informaciones objeto de derechos de propiedad industrial
RU данные, имеющие характер собственности
SH podaci o vlasništvu

394
DE rechtlich oder tatsächlich diskriminieren
SRÜ II/Art.24
EN discriminate in form or in fact, to
FR exercer de discrimination de droit ou de fait
ES discriminar de hecho o de derecho
RU дискриминация по форме или по существу
SH diskriminisati, pravno i stvarno

395
DE Rechts- und Fachkommission
(Organ des Rates)
SRÜ XI/Art.165
EN Legal and Technical Commission
FR Commission juridique et technique
ES Comisión Jurídica y Técnica
RU Юридическая и техническая комиссия
SH Pravna i tehnička komisija

396
DE Rechtsgrundlage für einen Anspruch
SRÜ XIII/Art.241
EN legal basis for a claim
FR fondement juridique d'une revendication
ES fundamento jurídico para una reivindicación
RU правовая основа для притязаний
SH pravni osnov za bilo kakav zahtev

397
DE Rechtsmißbrauch
SRÜ XVI/Art.300
EN abuse of rights
FR abus de droit
ES abuso de derecho
RU злоупотребление правами
SH zloupotreba prava

398
DE Rechtsstatus der Gewässer (über dem Festlandsockel)
SRÜ VI/Art.78
EN legal status of the superjacent waters
FR régime juridique des eaux surjacentes
ES condición jurídica de las aguas suprayacentes
RU правовой статус покрывающих вод
SH pravni status voda (iznad epikontinentalnog pojasa)

399
DE Rechtsstatus des Luftraums
SRÜ VI/Art.78
EN legal status of the air space
FR régime juridique de l'espace aérien
ES condición jurídica del espacio aéreo
RU правовой статус воздушного пространства
SH pravni status vazdušnog prostora

400
DE Rechtsstellung der Schiffe
SRÜ VII/Art.92
EN status of ships
FR condition juridique des navires
ES condición jurídica de los buques
RU статус судов
SH status brodova

401
DE Rechtsträger
SRÜ I/Art.1
EN entity
FR entité
ES entidad
RU субъект права
SH subjekt

402
DE Rechtsweg vorsehen
SRÜ XII/Art.232
EN provide for recourse in the courts, to
FR prévoir des voies de recours
ES prever vías procesales
RU обеспечивать возможность обращения в суды
SH omogućiti podnošenje zahteva pred sudovima

403
DE rechtswidrige Handlungen
SRÜ Anl.III/Art.22
EN wrongful acts
FR actes illicites
ES actos ilícitos
RU противоправные действия
SH protivpravne radnje

404
DE Regeln (der Behörde)
SRÜ XI/Art.161
EN rules (of the Authority)
FR règles (de l'Autorité)
ES normas (de la Autoridad)
RU нормы (Органа)
SH pravila (Vlasti)

405
DE Regeln (des Gerichtshofs)
SRÜ Anl.VI/Art.16
EN rules (of the Tribunal)
FR règlement (du Tribunal)
ES normas (del Tribunal)
RU регламент (Трибунала)
SH pravila (Suda)

406
DE Regelung des Seeverkehrs
SRÜ II/Art.21
EN regulation of marine traffic
FR régulation du trafic maritime
ES reglamentación del tráfico marítimo
RU регулирование движения судов
SH regulisanje pomorskog saobraćaja

407
DE regionale Regeln aufstellen
SRÜ XII/Art.207
EN establish regional rules, to
FR adopter des règles au plan régional
ES establecer reglas de carácter regional
RU установить региональные нормы
SH utvrditi regionalna pravila

408
DE regionale Zentren
SRÜ XIV/Art.276
EN regional centres
FR centres régionaux
ES centros regionales
RU региональные центры
SH regionalni centri

409
DE Register
SRÜ VII/Art.92
EN registry
FR immatriculation
ES registro
RU регистрация
SH upis u registru

410
DE Registerhafen
SRÜ VII/Art.98
EN port of registry
FR port d'enregistrement
ES puerto de registro
RU порт регистрации
SH luka upisa

411
DE repräsentativer Preismechanismus
SRÜ Anl.III/Art.13
EN representative pricing mechanism
FR mécanisme adéquat de fixation des prix
ES mecanismo representativo de fijación de precios
RU репрезентативный механизм установления цен
SH reprezentativan mehanizam formiranja cena

412
DE reserviertes Feld
SRÜ XI/Art.155
EN reserved area
FR secteur réservé
ES área reservada
RU зарезервированный район
SH rezervisano područje

413
DE Reservierung von Feldern
SRÜ Anl.III/Art.8
EN reservation of areas
FR réservation de secteurs
ES reserva de áreas
RU резервирование районов
SH rezervacija ležišta

414
DE Rettungsdienst
SRÜ VII/Art.98
EN rescue service
FR service de sauvetage
ES servicio de salvamento
RU спасательная служба
SH služba za spasavanje

415
DE Rohstoffkonferenz
SRÜ XI/Art.151
EN commodity conference
FR conférence de produit
ES conferencia sobre productos básicos
RU конференция по сырьевым товарам
SH konferencija o robi

416
DE Roter Thunfisch
(Thunnus thynnus)
SRÜ Anl.I
EN bluefin tuna
FR thon rouge
ES atún rojo
RU обыкновенный тунец
SH tunj obični

417
DE Rundfunksendungen von Hoher See aus
SRÜ VII/Art.109
EN broadcasting from the high seas
FR émissions diffusées depuis la haute mer
ES transmisiones desde la alta mar
RU вещание из открытого моря
SH emitovanje s otvorenog mora

418
DE Sachverständigenliste
SRÜ Anl.VIII/Art.2
EN list of experts
FR liste d'experts
ES lista de expertos
RU список экспертов
SH spisak stručnjaka

419
DE Satzung des Unternehmens
(CH: Statut)
SRÜ Anl.IV/Art.1
EN statute of the Enterprise
FR statut de l'Entreprise
ES estatuto de la Empresa
RU устав Предприятия
SH statut Preduzeća

420
DE Saumriff
SRÜ IV/Art.47
EN fringing reef
FR récif frangeant
ES cadena de arrecifes
RU окаймляющий риф
SH greben duž spoljne ivice

421
DE Schäden oder Gefahren verlagern
SRÜ XII/Art.195
EN transfer damage or hazards, to
FR déplacer le préjudice ou les risques
ES transferir daños o peligros
RU переносить ущерб или опасность
SH prenositi štetne posledice ili opasnosti

422
DE schädliche Veränderungen
SRÜ XII/Art.196
EN harmful changes
FR changements nuisibles
ES cambios perjudiciales
RU вредные изменения
SH štetne promene

423
DE Schallsignal
SRÜ VII/Art.111
EN auditory signal
FR signal sonore
ES señal auditiva
RU звуковой сигнал
SH čujni znak

424
DE Schiedsgericht
SRÜ XV/Art.287-Anl.VII/Art.3
EN arbitral tribunal
FR tribunal arbitral
ES tribunal arbitral
RU арбитраж
SH arbitražni sud

425
DE Schiedsrichter
SRÜ Anl.VII/Art.2
EN arbitrator
FR arbitre
ES árbitro
RU арбитр
SH arbitar

426
DE Schiedsspruch
SRÜ Anl.VII/Art.10
EN award
FR sentence
ES laudo
RU решение
SH odluka

427
DE Schiedsverfahren
SRÜ Anl.VII/Art.1
EN arbitral procedure
FR procédure d'arbitrage
ES procedimiento de arbitraje
RU арбитражная процедура
SH arbitražni postupak

428
DE Schiff für hydrographische Vermessung
SRÜ III/Art.40
EN hydrographic survey ship
FR navire affecté à des levés hydrographiques
ES buque destinado a levantamientos hidrográficos
RU гидрографическое судно
SH hidrografski brod

429
DE Schiff für wissenschaftliche Meeresforschung
SRÜ III/Art.40
EN marine scientific research ship
FR navire affecté à la recherche scientifique marine
ES buque destinado a la investigación científica marina
RU морское научно-исследовательское судно
SH brod za naučno istraživanje mora

430
DE Schiff mit Kernenergieantrieb
SRÜ II/Art.22
EN nuclear-powered ship
FR navire à propulsion nucléaire
ES buque de propulsión nuclear
RU судно с ядерным двигателем
SH nuklearni brod

431
DE Schiffahrt
SRÜ III/Art.36
EN navigation
FR navigation
ES navegación
RU судоходство
SH plovidba

432
DE Schiffahrtsbehörde
SRÜ XII/Art.231
EN maritime authority
FR autorité maritime
ES autoridad marítima
RU морские власти
SH pomorske vlasti

433
DE Schiffahrtsgebräuche
SRÜ XII/Art.211
EN navigational practices
FR pratiques de navigation
ES prácticas de navegación
RU практика мореплавания
SH praksa plovidbe

434
DE Schiffahrtsweg
SRÜ II/Art.22
EN sea lane
FR voie de circulation (maritime)
ES vía marítima
RU морской коридор движения
SH plovni put

435
DE Schiffsbesichtiger
SRÜ VII/Art.94
EN surveyor of ships
FR inspecteur maritime
ES inspector de buques
RU судовой инспектор
SH inspektor brodova

436
DE Schiffseigentümer
SRÜ VII/Art.115
EN owner of a ship
FR propriétaire d'un navire
ES propietario de un buque
RU владелец судна
SH brodovlasnik

437
DE Schiffsmaschinentechnik
SRÜ VII/Art.94
EN marine engineering
FR conduite des machines
ES maquinaria naval
RU судовые машины
SH pomorska tehnika

438
DE Schiffsregister
SRÜ VII/Art.91,94
EN register of ships
FR registre maritime
ES registro de buques
RU регистр судов
SH registar brodova

439
DE Schlichter
SRÜ Anl.V/Art.2
EN conciliator
FR conciliateur
ES conciliador
RU посредник
SH miritelj

440
DE Schlußakte (der Seerechtskonferenz)
SRÜ XI/Art.156
EN Final Act (of the Conference on the Law of the Sea)
FR Acte final (de la Conférence sur le droit de la mer)
ES Acta Final (de la Conferencia sobre el Derecho del Mar)
RU Заключительный акт (Конференции по морскому праву)
SH Završni akt (Konferencije o pravu mora)

441
DE Schlußanträge einbringen
SRÜ Anl.VI/Art.27
EN conclude the arguments, to
FR conclure finalement
ES presentar alegatos
RU изложить доводы
SH izneti razloge

442
DE Schlußfolgerungen (der Vergleichskommission)
SRÜ Anl.V/Art.7
EN conclusions (of the conciliation commission)
FR conclusions (de la commission de conciliation)
ES conclusiones (de la comisión de conciliación)
RU выводы (согласительной комиссии)
SH zaključci (komisije za mirenje)

443
DE schriftliche Notifikation
SRÜ Anl.V/Art.8
EN written notification
FR notification écrite
ES notificación escrita
RU письменное уведомление
SH pismeno obaveštenje

444
DE Schutz und Bewahrung der Meeresumwelt
SRÜ IX/Art.123/XII
EN protection and preservation of the marine environment
FR protection et préservation du milieu marin
ES protección y preservación del medio marino
RU защита и сохранение морской среды
SH zaštita i očuvanje morske okoline

445
DE Schutzbestimmungen
SRÜ XII/Art.223
EN safeguards
FR garanties
ES garantías
RU гарантии
SH jemstva

446
DE Schutzrechte des Küstenstaats
SRÜ II/Art.25
EN rights of protection of the coastal State
FR droits de protection de l'Etat côtier
ES derechos de protección del Estado ribereño
RU права защиты прибрежного государства
SH prava pomorske države na zaštitu

447
DE Schwarzflossenthunfisch
(Thunnus atlanticus)
SRÜ Anl.I
EN blackfin tuna
FR thon noir
ES atún de aleta negra
RU черноперый тунец
SH tunj crnoperajni

448
DE schwerer, anhaltender, vorsätzlicher Verstoß
SRÜ Anl.III/Art.18
EN serious, persistent and wilful violation
FR infraction grave, réitérée et délibérée
ES incumplimiento grave, persistente y doloso
RU серьезное, постоянное и преднамеренное нарушение
SH ozbiljna, trajna i namerna povreda

449
DE Schwertfisch
(Xiphias gladius)
SRÜ Anl.I
EN swordfish
FR espadon
ES pez espada
RU меч-рыба
SH sablja
SH igo

450
DE Seegebiet
SRÜ II/Art.7
EN sea area
FR étendue de mer
ES zona de mar
RU участок моря
SH morski prostor

451
DE Seehafen
SRÜ X/Art.131
EN maritime port
FR port de mer
ES puerto marítimo
RU морской порт
SH morska luka

452
DE Seekarte
SRÜ II/Art.16
EN chart
FR carte marine
ES carta
RU морская карта
SH pomorska karta

453
DE Seemannschaft
SRÜ VII/Art.94
EN seamanship
FR manoeuvre
ES experiencia marinera
RU судовождение
SH upravljanje brodom

454
DE Seeräuberei
SRÜ VII/Art.100
EN piracy
FR piraterie
ES piratería
RU пиратство
SH piratstvo

455
DE Seeräuberluftfahrzeug
SRÜ VII/Art.103
EN pirate aircraft
FR aéronef pirate
ES aeronave pirata
RU пиратский летательный аппарат
SH piratski vazduhoplov

456
DE Seeräuberschiff
SRÜ VII/Art.103
EN pirate ship
FR navire pirate
ES buque pirata
RU пиратское судно
SH piratski brod

457
DE Seerechtskonferenz der Vereinten Nationen
SRÜ Präambel
EN United Nations Conference on the Law of the Sea
FR Conférence des Nations Unies sur le droit de la mer
ES Conferencia de las Naciones Unidas sobre el derecho del mar
RU Конференция Организации Объединенных Наций по морскому праву
SH Konferencija Ujedinjenih nacija o pravu mora

458
DE Seerechtsübereinkommen
SRÜ Präambel
EN Convention on the Law of the Sea
FR Convention sur le droit de la mer
ES Convención sobre el Derecho del Mar
RU Конвенция по морскому праву
SH Konvencija o pravu mora

459
DE Seetüchtigkeit
SRÜ VII/Art.94
EN seaworthiness
FR navigabilité
ES navegabilidad
RU годность к плаванию
RU годность для плавания
SH sposobnost za plovidbu

460
DE Seeunfall
SRÜ VII/Art.94
EN marine casualty
FR accident de mer
ES accidente marítimo
RU морская авария
SH pomorska nesreća

461
DE seewärtige Grenze des Küstenmeers
(Die seewärtige Grenze des Küstenmeers ist die Linie, auf der jeder Punkt vom nächstgelegenen Punkt der Basislinie um die Breite des Küstenmeers entfernt ist.)
SRÜ II/Art.4
EN outer limit of the territorial sea
FR limite extérieure de la mer territoriale
ES límite exterior del mar territorial
RU внешняя граница территориального моря
SH spoljna granica teritorijalnog mora

462
DE seewärts verlaufende Niedrigwasserlinie, am weitesten
SRÜ II/Art.7
EN seaward extent of the low-water line, furthest
FR laisse de basse mer la plus avancée
ES línea de bajamar más alejada mar afuera
RU линия наибольшего отлива, максимально выступающая в море
SH najudaljenija linija niske vode u smeru mora

463
DE Seeweg durch die Hohe See
SRÜ III/Art.36
EN route through the high seas
FR route de haute mer
ES ruta de alta mar
RU путь, проходящий в открытом море
SH put otvorenim morem

464
DE Seezeichen
SRÜ II/Art.21
EN navigational aid
FR équipement d'aide à la navigation
ES ayuda a la navegación
RU навигационное средство
SH navigaciono pomagalo

465
DE Segelfisch
(Istiophorus platypterus; Istiophorus albicans)
SRÜ Anl.I
EN sail-fish
FR voilier
ES velero
RU рыба-парусник
SH jedran

466
DE Sekretariat (der Behörde)
SRÜ XI/Art.166
EN Secretariat (of the Authority)
FR Secrétariat (de l'Autorité)
ES Secretaría (de la Autoridad)
RU Секретариат (Органа)
SH Sekretarijat (Vlasti)

467
DE seltene oder empfindliche Ökosysteme
SRÜ XII/Art.194
EN rare or fragile ecosystems
FR écosystèmes rares ou délicats
ES ecosistemas raros o vulnerables
RU редкие или уязвимые экосистемы
SH retki ili osetljivi eko-sistemi

468
DE seßhafte Arten
SRÜ V/Art.68
EN sedentary species
FR espèces sédentaires
ES especies sedentarias
RU сидячие виды
SH vrste sa dna

469
DE Sicherheitsanlagen
SRÜ III/Art.43
EN safety aids
FR installations de sécurité
ES ayudas para la seguridad
RU средства безопасности
SH objekti bezbednosti

470
DE Sicherheitszone
(Der Küstenstaat kann Sicherheitszonen um künstliche Inseln, Anlagen und Bauwerke einrichten, in denen er geeignete Maßnahmen ergreifen kann, um die Sicherheit der Schiffahrt sowie der künstlichen Inseln, Anlagen und Bauwerke zu gewährleisten.)
SRÜ V/Art.60
EN safety zone
FR zone de sécurité
ES zona de seguridad
RU зона безопасности
SH zona bezbednosti

471
DE Sicherungsmaßnahmen
SRÜ II/Art.28
EN arrest
FR mesures conservatoires
ES medidas cautelares
RU арест
SH mere zadržavanja

472
DE Sichtsignal
SRÜ VII/Art.111
EN visual signal
FR signal visuel
ES señal visual
RU зрительный сигнал
SH vidni znak

473'
DE Sitzung des Rates
SRÜ XI/Art.161
EN meeting of the Council
FR séance du Conseil
ES sesión del Consejo
RU заседание Совета
SH sednica Veća

474
DE Sklavenhandel
SRÜ VII/Art.110
EN slave trade
FR transport d'esclaves
ES trata de esclavos
RU работорговля
SH trgovina robljem

475
DE Sockel
SRÜ VI/Art.76
EN shelf
FR plateau
ES plataforma
RU шельф
SH kontinentalna ravnina

476
DE Sonderbericht (des Rates)
SRÜ XI/Art.162
EN special report (of the Council)
FR rapport spécial (du Conseil)
ES informe especial (del Consejo)
RU специальный доклад (Совета)
SH posebni izveštaj (Veća)

477
DE Sonderdienste (der internationalen Organisationen)
SRÜ XII/Art.203
EN specialized services (of international organizations)
FR services spécialisés (des organisations internationales)
ES servicios especializados (de las organizaciones internacionales)
RU специализированные услуги (международных организаций)
SH specijalizovane službe (međunarodnih organizacija)

478
DE Sondergebiete
SRÜ XII/Art.211
EN special areas
FR zones spéciales
ES áreas especiales
RU особые районы
SH posebna područja

479
DE Sonderkammer (des Gerichtshofs)
SRÜ Anl.VI/Art.15
EN special chamber (of the Tribunal)
FR chambre spéciale (du Tribunal)
ES sala especial (del Tribunal)
RU специальная камера (Трибунала)
SH posebno veće (Suda)

480
DE Sonderorganisationen (der Vereinten Nationen)
(AT: Spezialorganisationen)
SRÜ XI/Art.163
EN specialized agencies (of the United Nations)
FR institutions spécialisées (des Nations Unies)
ES organismos especializados (de las Naciones Unidas)
RU специализированные учреждения (Объединенных Наций)
SH specijalizovane ustanove (Ujedinjenih nacija)

481
DE Sondertagung (der Versammlung)
SRÜ XI/Art.159
EN special session (of the Assembly)
FR session extraordinaire (de l'Assemblée)
ES período extraordinario de sesiones (de la Asamblea)
RU специальная сессия (Ассамблеи)
SH vanredno zasedanje (Skupštine)

482
DE Souveränität der Meerengenanliegerstaaten
SRÜ III/Art.34
EN sovereignty of the States bordering the straits
FR souveraineté des Etats riverains des détroits
ES soberanía de los Estados ribereños del estrecho
RU суверенитет государств, граничащих с проливами
SH suverenost obalnih država na tesnacima

483
DE Speerfisch
(Tetrapturus angustirostris; Tetrapturus belone; Tetrapturus pfluegeri; Tetrapturus albidus; Tetrapturus audax; Tetrapturus georgei; Makaira mazara; Makaira indica; Makaira nigricans)
SRÜ Anl.I
EN marlin
FR marlin
ES marlin
RU марлин
SH sabljan
SH iglan

484
DE Staaten mit aneinander angrenzenden Küsten
SRÜ II/Art.15
EN States with adjacent coasts
FR Etats dont les côtes sont adjacentes
ES Estados con costas adyacentes
RU государства с смежными побережьями
SH države čije se obale dodiruju

485
DE Staaten mit gegenüberliegenden Küsten
SRÜ II/Art.15
EN States with opposite coasts
FR Etats dont les côtes se font face
ES Estados con costas frente a frente
RU государства с противолежащими побережьями
SH države čije su obale suprotne

486
DE Staatenimmunität genießendes Schiff
SRÜ III/Art.42
EN ship entitled to sovereign immunity
FR navire jouissant de l'immunité souveraine
ES buque que goce de inmunidad soberana
RU судно, обладающее суверенным иммунитетом
SH brod koji uživa suvereni imunitet

487
DE Staatsluftfahrzeug
SRÜ III/Art.39
EN state aircraft
FR aéronef d'Etat
ES aeronave del Estado
RU государственный летательный аппарат
SH državni vazduhoplov

488
DE Staatsschiffe, die anderen als Handelszwecken dienen
SRÜ II/Art.31-32
EN government ships operated for non-commercial purposes
FR navires d'Etat utilisés à des fins non commerciales
ES buques de Estado destinados a fines no comerciales
RU государственные суда, эксплуатируемые в некоммерческих целях
SH državni brodovi koji ne služe u trgovačke svrhe

489
DE Staatsschiffe, die Handelszwecken dienen
SRÜ II/Art.27
EN government ships operated for commercial purposes
FR navires d'Etat utilisés à des fins commerciales
ES buques de Estado destinados a fines comerciales
RU государственные суда, эксплуатируемые в коммерческих целях
SH državni brodovi koji služe u trgovačke svrhe

490
DE Staatszugehörigkeit der Schiffe
SRÜ VII/Art.91
EN nationality of ships
FR nationalité des navires
ES nacionalidad de los buques
RU национальность судов
SH državna pripadnost brodova

491
DE Stab von Inspektoren
SRÜ XI/Art.162
EN staff of inspectors
FR corps d'inspecteurs
ES cuerpo de inspectores
RU штаб инспекторов
SH osoblje inspektora

492
DE ständige Hafenanlagen
(Anlagen, die Bestandteil des Hafensystems sind; Anlagen vor der Küste und künstliche Inseln gelten nicht als ständige Hafenanlagen.)
SRÜ II/Art.11
EN permanent harbour works
FR installations permanentes (portuaires)
ES construcciones portuarias permanentes
RU постоянные портовые сооружения
SH stalne lučke građevine

493
DE ständige Überwachung
SRÜ XII/Art.204
EN monitoring
FR surveillance continue
ES vigilancia
RU мониторинг
SH posmatranje

494
DE ständige Warneinrichtung
SRÜ V/Art.60
EN permanent means for giving warning
FR moyens permanents pour signaler …
ES medios permanentes para advertir …
RU постоянное средство предупреждения
SH stalno sredstvo signalizacije

495
DE Starten von Luftfahrzeugen
SRÜ II/Art.19
EN launching of aircraft
FR lancement d'aéronefs
ES lanzamiento de aeronaves
RU подъем в воздух летательного аппарата
SH poletanje vazduhoplova

496
DE statistische Angaben über Fänge
SRÜ V/Art.61
EN catch statistics
FR statistique relative aux captures
ES estadística sobre captura
RU статистические данные об уловах
SH statistika o ulovu

497
DE statistische Angaben über Fischereiaufwand
SRÜ V/Art.61
EN fishing effort statistics
FR statistique relative à l'effort de pêche
ES estadística sobre esfuerzos de pesca
RU статистические данные о промысловом усилии
SH statistika o ribolovnom naporu

498
DE Statut (des Internationalen Seegerichtshofs)
SRÜ Anl.VI/Art.1
EN Statute (of the International Tribunal for the Law of the Sea)
FR Statut (du Tribunal international du droit de la mer)
ES Estatuto (del Tribunal Internacional del Derecho del Mar)
RU Статут (Международного трибунала по морскому праву)
SH Statut (Međunarodnog suda za pravo mora)

499
DE steil abfallendes Ozeanplateau
SRÜ IV/Art.47
EN steep-sided oceanic plateau
FR plateau océanique à flancs abrupts
ES plataforma oceánica acantilada
RU океанское плато с крутым склоном
SH strmi obronci okeanskog platoa

500
DE stillschweigende Zustimmung
SRÜ XIII/Art.252
EN implied consent
FR consentement tacite
ES consentimiento tácito
RU подразумеваемое согласие
SH podrazumevani pristanak

501
DE Stimmrecht (der Vertragsstaaten)
SRÜ XI/Art.184
EN voting rights (of States Parties)
FR droit de vote (des Etats Parties)
ES derecho de voto (de los Estados Partes)
RU право голоса (Государств-участников)
SH pravo glasa (Država strana)

502
DE Störung eines Nachrichtenübermittlungssystems
SRÜ II/Art.19
EN interference with any systems of communication
FR perturbation du fonctionnement d'un système de communication
ES perturbación de los sistemas de comunicaciones
RU помеха функционированию систем связи
SH uplitanje u sistem komunikacija

503
DE Streitparteien
SRÜ XI/Art.189
EN parties to the dispute
FR parties au différend
ES partes en la controversia
RU стороны в споре
SH strane u sporu

504
DE Suchdienst
SRÜ VII/Art.98
EN search service
FR service de recherche
ES servicio de búsqueda
RU поисково-спасательная служба
SH služba za traženje

505
DE südlicher Roter Thunfisch
(Thunnus maccoyii)
SRÜ Anl.I
EN southern bluefin tuna
FR thon à nageoire bleue
ES atún de aleta azul del sur
RU южный обыкновенный тунец
SH tunj obični-južni

506
DE Suspendierung der Ausübung von Rechten und Vorrechten
SRÜ XI/Art.184
EN suspension of the exercise of rights and privileges
FR suspension de l'exercice des droits et privilèges
ES suspensión del ejercicio de los derechos y privilegios
RU приостановление осуществления прав и привилегий
SH obustavljanje prava i povlastica

507
DE System für Ausgleichszahlungen
SRÜ XI/Art.162
EN system of compensation
FR système de compensation
ES sistema de compensación
RU компенсационная система
SH sistem naknada

508
DE Systeme der Schiffswegeführung
SRÜ XII/Art.211
EN routeing systems
FR dispositifs de circulation des navires
ES sistemas de ordenación del tráfico
RU системы путей
SH plovidbeni sistemi

509
DE Tankschiff
SRÜ II/Art.22
EN tanker
FR navire-citerne
ES buque cisterna
RU танкер
SH tanker

510
DE Tätigkeiten auf dem Meeresboden
SRÜ XII/Art.208
EN sea-bed activities
FR activités relatives aux fonds marins
ES actividades relativas a los fondos marinos
RU деятельность на морском дне
SH delatnosti na morskom dnu

511
DE technische Gutachten
SRÜ Anl.II/Art.3
EN technical advice
FR avis techniques
ES asesoramiento técnico
RU технические консультации
SH stručni saveti

512
DE territoriale Unversehrtheit
SRÜ XVI/Art.301
EN territorial integrity
FR intégrité territoriale
ES integridad territorial
RU территориальная целостность
SH teritorijalna celovitost

513
DE Tiefenpunkt
SRÜ VI/Art.76
EN depth
FR point de profondeur
ES profundidad
RU глубина
SH tačka dubine

514
DE Tiefseeboden
SRÜ VI/Art.76
EN deep ocean floor
FR grands fonds des océans
ES fondo oceánico profundo
RU дно океана на больших глубинах
SH dno dubokog mora

515
DE Tier- und Pflanzenwelt des Meeres
SRÜ XII/Art.194
EN marine life
FR organismes marins
ES formas de vida marina
RU морские организмы
SH morska fauna i flora

516
DE Transitdurchfahrt
SRÜ III/Art.38
EN transit passage
FR passage en transit
ES paso en tránsito
RU транзитный проход
SH tranzitni prolazak

517
DE Transiterleichterungen
SRÜ X/Art.132
EN transit facilities
FR facilités de transit
ES facilidades de tránsito
RU более широкие возможности транзита
SH tranzitne olakšice

518
DE Transitfreiheit
SRÜ X/Art.125
EN freedom of transit
FR liberté de transit
ES libertad de tránsito
RU свобода транзита
SH sloboda tranzita

519
DE Transitstaat
SRÜ X/Art.124
EN transit State
FR Etat de transit
ES Estado de tránsito
RU государство транзита
SH tranzitna država

520
DE Transitverkehr
SRÜ X/Art.124
EN traffic in transit
FR trafic en transit
ES tráfico en tránsito
RU транзитное движение
SH saobraćaj u tranzitu

521
DE Trasse für das Legen von Rohrleitungen
SRÜ VI/Art.79
EN course for the laying of pipelines
FR tracé des pipelines posés
ES trazado de la línea para el tendido de tuberías
RU трасса для прокладки трубопроводов
SH pravci za polaganje cevovoda

522
DE Trendlinienwerte
SRÜ XI/Art.151
EN trend line values
FR valeurs de la courbe de tendance
ES valores de la línea de tendencia
RU величины линии тенденции
SH vrednosti na koordinati koja predstavlja trend

523
DE Treu und Glauben
SRÜ XVI/Art.300
EN good faith
FR bonne foi
ES buena fe
RU добросовестность
SH dobra vera

524
DE trockenfallende Erhebung
(natürlich entstandenes Land, das bei Ebbe von Wasser umgeben ist und über den Wasserspiegel hinausragt, bei Flut jedoch unter Wasser liegt)
SRÜ II/Art.7, Art.13
EN low-tide elevation
FR haut-fond découvrant
ES elevación en bajamar
RU осыхающее при отливе возвышение
SH uzvišica suva za vreme niskih voda

525
DE trockenfallendes Riff
SRÜ IV/Art.47
EN drying reef
FR récif découvrant
ES arrecife emergente
RU осыхающий риф
SH nadvodni greben

526
DE Überflug
SRÜ III/Art.36
EN overflight
FR survol
ES sobrevuelo
RU полет
SH preletanje

527
DE Überprüfungskonferenz
(wird von der Versammlung im fünfzehnten Jahr nach Aufnahme der ersten kommerziellen Produktion einberufen)
SRÜ XI/Art.155
EN Review Conference
FR Conférence de révision
ES Conferencia de Revisión
RU Конференция по обзору
SH Revizijska konferencija

528
DE Überschreiten der Zuständigkeit (durch die Behörde)
SRÜ XI/Art.187
EN excess of jurisdiction (by the Authority)
FR excès de compétence (par l'Autorité)
ES extralimitación en el ejercicio de la competencia (por la Autoridad)
RU превышение компетенции (Органом)
SH prekoračenje nadležnosti (od strane Vlasti)

529
DE Übertragung von Rechten und Pflichten
SRÜ Anl.III/Art.20
EN transfer of rights and obligations
FR transfert des droits et obligations
ES transferencia de derechos y obligaciones
RU передача прав и обязательств
SH prenos prava i obaveza

530
DE Überwachungsprogramm
SRÜ XI/Art.165
EN monitoring programme
FR programme de surveillance
ES programa de vigilancia
RU программа мониторинга
SH program osmatranja

531
DE übliche Handelsgeschäfte
SRÜ Anl.III/Art.13
EN representative transactions
FR transactions normales
ES transacciones representativas
RU репрезентативные сделки
SH reprezentativne transakcije

532
DE Umschlagplätze
SRÜ XII/Art.211
EN terminals
FR installations terminales
ES instalaciones terminales
RU терминалы
SH stanice s uređajima

533
DE umschlossene Gewässer, von Land
SRÜ II/Art.10
EN land-locked waters
FR eaux cernées par la côte
ES aguas cercadas por la costa
RU замкнутые сушей воды
SH vode zatvorene kopnom

534
DE umschlossenes Meer
(Umschlossenes oder halbumschlossenes Meer bedeutet einen Meerbusen, ein Becken oder ein Meer, die von zwei oder mehr Staaten umgeben und mit einem anderen Meer oder dem Ozean durch einen engen Ausgang verbunden sind oder die ganz oder überwiegend aus den Küstenmeeren und den ausschließlichen Wirtschaftszonen von zwei oder mehr Küstenstaaten bestehen.)
SRÜ V/Art.70, IX/Art.122
EN enclosed sea
FR mer fermée
ES mar cerrado
RU замкнутое море
SH okruženo more

535
DE unbehinderter Transit
SRÜ IV/Art.53
EN unobstructed transit
FR transit sans entrave
ES tránsito sin trabas
RU беспрепятственный транзит
SH neometani tranzit

536
DE UNCITRAL-Schiedsordnung
SRÜ XI/Art.188
EN UNCITRAL Arbitration Rules
FR Règlement d'arbitrage de la CNUDCI
ES Reglamento de Arbitraje de la CNUDMI
RU Арбитражные правила ЮНСИТРАЛ
SH UNCITRAL arbitražna pravila

537
DE ungerechtfertigter Eingriff
SRÜ XII/Art.194
EN unjustifiable interference
FR ingérence injustifiable
ES injerencia injustificable
RU неоправданное вмешательство
SH neopravdano uplitanje

538
DE unlautere Wirtschaftspraktiken
SRÜ XI/Art.151
EN unfair economic practices
FR pratiques économiques déloyales
ES prácticas económicas desleales
RU несправедливая экономическая практика
SH nelojalna privredna praksa

539
DE unmittelbare Bedrohung durch Verschmutzungsschäden
SRÜ XII/Art.198
EN imminent danger of being damaged by pollution
FR danger imminent des dommages du fait de la pollution
ES peligro inminente de sufrir daños por contaminación
RU неминуемая опасность ущерба
SH opasnost da pretrpi štetu od zagađivanja

540
DE Unterbreitung von Streitigkeiten
SRÜ Anl.VI/Art.22
EN reference of disputes
FR soumission de différends
ES sumisión de controversias
RU передача споров
SH podnošenje sporova

541
DE Unterhaltung von Funkverbindungen
SRÜ VII/Art.94
EN maintenance of communications by radio
FR maintien des services de radiocommunication
ES mantenimiento de comunicaciones por radio
RU поддержание связи по радио
SH održavanje radio-veza

542
DE Unterkommission (der Kommission zur Begrenzung des Festlandsockels)
SRÜ Anl.II/Art.5
EN sub-commission (of the Commission on the Limits of the Continental Shelf)
FR sous-commission (de la Commission des limites du plateau continental)
ES subcomisión (de la Comisión de límites de la plataforma continental)
RU подкомиссия (Комиссии по границам континентального шельфа)
SH potkomisija (Komisije za granice epikontinentalnog pojasa)

543
DE Unterlagen über die Untersuchung
SRÜ XII/Art.218
EN records of the investigation
FR dossier de l'enquête
ES expediente de la investigación
RU материалы расследования
SH zapisnici o istrazi

544
DE Unternehmen
(Das Organ der Behörde, das unmittelbar Tätigkeiten im Gebiet sowie die Beförderung, die Verarbeitung und den Absatz der aus dem Gebiet gewonnenen Mineralien durchführt.)
SRÜ XI/Art.170
EN Enterprise
FR Entreprise
ES Empresa
RU Предприятие
SH Preduzeće

545
DE Unterseeboot
SRÜ II/Art.20
EN submarine
FR sous-marin
ES submarino
RU подводная лодка
SH podmornica

546
DE unterseeische Rohrleitung
SRÜ VII/Art.113
EN submarine pipeline
FR pipeline sous-marin
ES tubería submarina
RU подводный трубопровод
SH podmorski cevovod

547
DE unterseeischer Bergrücken
SRÜ VI/Art.76
EN oceanic ridge
FR dorsale océanique
ES cresta oceánica
RU океанический хребет
SH okeanski greben

548
DE unterseeisches Hochspannungskabel
SRÜ VII/Art.113
EN submarine high-voltage power cable
FR câble à haute tension sous-marin
ES cable de alta tensión submarino
RU подводный высоковольтный кабель
SH podmorski vod visokog napona

549
DE unterseeisches Kabel
SRÜ IV/Art.51
EN submarine cable
FR câble sous-marin
ES cable submarino
RU подводный кабель
SH podmorski kabl

550
DE Untersuchung, Schutz und Bewahrung der Meeresumwelt
SRÜ Präambel
EN study, protection and preservation of the marine environment
FR étude, protection et préservation du milieu marin
ES estudio, protección y preservación del medio marino
RU изучение, защита и сохранение морской среды
SH proučavanje, zaštita i očuvanje morske okoline

551
DE Unterwasserfahrzeug
SRÜ II/Art.20
EN underwater vehicle
FR véhicule submersible
ES vehículo sumergible
RU подводное транспортное средство
SH podvodno prevozno sredstvo

552
DE Unterwassergebiet
SRÜ VI/Art.76
EN submarine area
FR fonds marins
ES área submarina
RU подводный район
SH podmorski prostor

553
DE Unterwerfung unter ein Vergleichsverfahren
SRÜ Anl.V/Art.11
EN submission to conciliation procedure
FR soumission à la procédure de conciliation
ES sumisión al procedimiento de conciliación
RU передача на урегулирование по согласительной процедуре
SH podvrgavanje postupku mirenja

554
DE ununterbrochene und zügige Durchfahrt
SRÜ II/Art.18
EN continuous and expeditious passage
FR passage continu et rapide
ES paso rápido e ininterrumpido
RU непрерывный и быстрый проход
SH prolazak bez prekida i bez odlaganja

555
DE ununterbrochener und zügiger Durchflug
SRÜ IV/Art.53
EN continuous and expeditious passage
FR passage continu et rapide
ES paso rápido e ininterrumpido
RU непрерывный и быстрый проход
SH neprekinuto i brzo preletanje

556
DE ununterbrochener und zügiger Transit
SRÜ III/Art.38
EN continuous and expeditious transit
FR transit continu et rapide
ES tránsito rápido e ininterrumpido
RU непрерывный и быстрый проход
SH neprekinuti i brzi tranzit

557
DE unvereinbare Tätigkeiten
SRÜ Anl.VI/Art.7
EN incompatible activities
FR incompatibilités
ES incompatibilidades
RU несовместимая деятельность
SH inkompatibilne delatnosti

558
DE unverzinsliche Eigenwechsel
SRÜ Anl.IV/Art.11
EN non-interest-bearing promissory notes
FR billets à ordre ne portant pas intérêt
ES pagarés sin interés
RU беспроцентные простые векселя
SH beskamatne sopstvene menice

559
DE Verantwortlichkeit und Haftung
SRÜ XII/Art.235
EN responsibility and liability
FR responsabilité
ES responsabilidad
RU ответственность
SH odgovornost

560
DE Verarbeitung von mineralischen Ressourcen
SRÜ XI/Art.165
EN processing of mineral resources
FR traitement des ressources minérales
ES tratamiento de minerales
RU переработка полезных ископаемых
SH prerada rudnih bogatstava

561
DE Verarbeitungsanlagen
SRÜ Anl.III/Art.13
EN processing plant
FR installations de traitement
ES instalaciones de tratamiento
RU перерабатывающее предприятие
SH fabrike za preradu

562
DE Verbindlichkeit der Entscheidungen (des Gerichtshofs)
SRÜ Anl.VI/Art.33
EN binding force of decisions (of the Tribunal)
FR force obligatoire des décisions (du Tribunal)
ES fuerza obligatoria de los fallos (del Tribunal)
RU обязательная сила решений (Трибунала)
SH obaveznost odluka (Suda)

563
DE vereinbarte Einzelheiten
SRÜ XIII/Art.247
EN agreed specifications
FR spécifications convenues
ES especificaciones convenidas
RU согласованные спецификации
SH dogovorene pojedinosti

564
DE Verfahren (der Behörde)
SRÜ XI/Art.161
EN procedures (of the Authority)
FR procédures (de l'Autorité)
ES procedimientos (de la Autoridad)
RU процедуры (Органа)
SH postupci (Vlasti)

565
DE Verfahren zur Beschlußfassung in den Kommissionen
SRÜ XI/Art.163
EN decision-making procedures of the Commissions
FR procédures de prise de décision des commissions
ES procedimientos para la adopción de decisiones en las comisiones
RU процедуры принятия Комиссиями решений
SH postupak donošenja odluka Komisija

566
DE Verfahrensordnung (des Gerichtshofs)
SRÜ Anl.VI/Art.16
EN rules of procedure (of the Tribunal)
FR procédure (du Tribunal)
ES reglamento (del Tribunal)
RU правила производства дел (Трибунала)
SH pravila postupka (Suda)

567
DE vergesellschaftete Arten
SRÜ V/Art.61
EN associated species
FR espèces associées
ES especies asociadas
RU ассоциированные виды
SH udružene vrste

568
DE vergleichende Untersuchung
SRÜ XIV/Art.277
EN comparative study
FR étude comparative
ES estudio comparado
RU сравнительное исследование
SH uporedo proučavanje

569
DE Vergleichsausschuß (des Rates)
SRÜ XI/Art.161
EN conciliation committee (of the Council)
FR commission de conciliation (du Conseil)
ES comité de conciliación (del Consejo)
RU согласительный комитет (Совета)
SH odbor za mirenje (Veća)

570
DE Vergleichskommission
SRÜ Anl.V/Art.3
EN conciliation commission
FR commission de conciliation
ES comisión de conciliación
RU согласительная комиссия
SH komisija za mirenje

571
DE Vergleichsverfahren
SRÜ XV/Art.284
EN conciliation procedure
EN conciliation proceedings
FR procédure de conciliation
ES procedimiento de conciliación
RU согласительная процедура
SH postupak mirenja

572
DE Vergütungen und Kosten (der Vergleichskommission)
SRÜ Anl.V/Art.9
EN fees and expenses (of the conciliation commission)
FR honoraires et frais (de la commission de conciliation)
ES honorarios y gastos (de la comisión de conciliación)
RU гонорары и расходы (согласительной комиссии)
SH novčane naknade i troškovi (komisije za mirenje)

573
DE Verhandlungsprotokolle
SRÜ XII/Art.228
EN records of the proceedings
FR minutes du procès
ES actas de los procedimientos
RU протоколы разбирательства
SH zapisnici postupka

574
DE Verhütung von Zusammenstößen
SRÜ VII/Art.94
EN prevention of collisions
FR prévention d'abordages
ES prevención de abordajes
RU предупреждение столкновения
SH sprečavanje sudara

575
DE Verhütung, Verringerung und Überwachung der Meeresverschmutzung
SRÜ VII/Art.94
EN prevention, reduction and control of marine pollution
FR prévention, réduction et maîtrise de la pollution marine
ES prevención, reducción y control de la contaminación marina
RU предотвращение, сокращение и сохранение под контролем загрязнения морской среды
SH sprečavanje, smanjivanje i nadziranje zagađivanja mora

576
DE Verkehrstrennungsgebiet
SRÜ II/Art.22
EN traffic separation scheme
FR dispositif de séparation du trafic
ES dispositivo de separación del tráfico
RU схема разделения движения
SH sistem odeljenog saobraćaja

577
DE Vermessungsarbeiten
SRÜ II/Art.19
EN survey activity
FR levés
ES actividad de levantamiento
RU гидрографическая деятельность
SH obavljanje merenja

578
DE Veröffentlichung und Verbreitung von Informationen und Kenntnissen
SRÜ XIII/Art.244
EN publication and dissemination of information and knowledge
FR publication et diffusion d'informations et de connaissances
ES publicación y difusión de información y conocimientos
RU публикация и распространение информации и знаний
SH objavljivanje i širenje podataka i znanja

579
DE Versammlung (der Behörde)
SRÜ XI/Art.159
EN Assembly (of the Authority)
FR Assemblée (de l'Autorité)
ES Asamblea (de la Autoridad)
RU Ассамблея (Органа)
SH Skupština (Vlasti)

580
DE Verschmutzung aus der Luft oder durch die Luft
SRÜ XII/Art.212
EN pollution from or through the atmosphere
FR pollution d'origine atmosphérique ou transatmosphérique
ES contaminación desde la atmósfera o a través de ella
RU загрязнение из атмосферы или через нее
SH zagađivanje iz vazduha ili putem vazduha

581
DE Verschmutzung der Meeresumwelt
SRÜ I/Art.1
EN pollution of the marine environment
FR pollution du milieu marin
ES contaminación del medio marino
RU загрязнение морской среды
SH zagađivanje morske okoline

582
DE Verschmutzung vom Land aus
SRÜ XII/Art.207
EN pollution from land-based sources
FR pollution d'origine tellurique
ES contaminación procedente de fuentes terrestres
RU загрязнение из находящихся на суше источников
SH zagađivanje iz kopnenih izvora

583
DE Verschmutzungsereignisse
SRÜ XII/Art.199
EN pollution incidents
FR incidents entraînant la pollution
ES incidentes de contaminación
RU случай инцидентов, вызывающих загрязнение
SH slučajevi zagađivanja

584
DE Verschmutzungshandlung
SRÜ XII/Art.230
EN act of pollution
FR acte de pollution
ES acto de contaminación
RU акт загрязнения
SH delo zagađivanja

585
DE Verstauen von Fischfanggerät
SRÜ III/Art.42
EN stowage of fishing gear
FR arrimage des engins de pêche
ES arrumaje de los aparejos de pesca
RU уборка рыболовных снастей
SH držanje ribolovnog pribora

586
DE Vertragsänderung
SRÜ Anl.III/Art.19
EN revision of contract
FR révision du contrat
ES revisión del contrato
RU пересмотр контракта
SH izmena ugovora

587
DE Vertragsnehmer
SRÜ Anl.III/Art.13
EN contractor
FR contractant
ES contratista
RU контрактор
SH ugovarač

588
DE Vertragsstaaten
SRÜ XI/Art.190
EN States Parties
FR Etats Parties
ES Estados Partes
RU государства-участники
SH države strane

589
DE Verwahrer des Übereinkommens
(AT + CH: Depositar)
SRÜ Anl.IX/Art.5
EN depositary of the Convention
FR dépositaire de la Convention
ES depositario de la Convención
RU депозитарий Конвенции
SH depozitar Konvencije

590
DE Verwaltung der Finanzen (der Behörde)
SRÜ XI/Art.162
EN financial management (of the Authority)
FR gestion financière (de l'Autorité)
ES gestión financiera (de la Autoridad)
RU управление финансами (Органа)
SH finansijsko poslovanje (Vlasti)

591
DE Verwaltungsgericht
SRÜ XI/Art.168
EN administrative tribunal
FR tribunal administratif
ES tribunal administrativo
RU административный трибунал
SH administrativni sud

592
DE Verwaltungshaushalt (der Behörde)
SRÜ XI/Art.160
EN administrative budget (of the Authority)
FR budget d'administration (de l'Autorité)
ES presupuesto administrativo (de la Autoridad)
RU административный бюджет (Органа)
SH administrativni budžet (Vlasti)

593
DE Verwaltungsmaßnahmen
SRÜ XII/Art.219
EN administrative measures
FR mesures administratives
ES medidas administrativas
RU административные меры
SH administrativne mere

594
DE Verwaltungsrat (des Unternehmens)
SRÜ XI/Art.160/Anl.IV/Art.4
EN Governing Board (of the Enterprise)
FR Conseil d'administration (de l'Entreprise)
ES Junta Directiva (de la Empresa)
RU Правление (Предприятия)
SH Upravni odbor (Preduzeća)

595
DE Verzeichnis geographischer Koordinaten
SRÜ II/Art.16
EN list of geographical co-ordinates
FR liste des coordonnées géographiques
ES lista de coordenadas geográficas
RU перечень географических координат
SH popis geografskih koordinata

596
DE Vizepräsident (des Gerichtshofs)
SRÜ Anl.VI/Art.12
EN Vice-President (of the Tribunal)
FR Vice-Président (du Tribunal)
ES Vicepresidente (del Tribunal)
RU Заместитель Председателя (Трибунала)
SH potpredsednik (Suda)

597
DE Völkergewohnheitsrecht
SRÜ XII/Art.221
EN customary international law
FR droit international coutumier
ES derecho internacional consuetudinario
RU обычное международное право
SH međunarodno običajno pravo

598
DE Vollstreckungshandlungen
SRÜ XV/Art.298
EN law enforcement activities
FR actes d'exécution
ES actividades encaminadas a hacer cumplir las normas legales
RU деятельность по обеспечению соблюдения законов
SH delatnosti sprovođenja zakona

599
DE Vollstreckungsmaßnahmen
SRÜ II/Art.28
EN levy of execution
FR mesures d'exécution
ES medidas de ejecución
RU меры взыскания
SH mere izvršenja

600
DE vorangereicherte Metalle
SRÜ Anl.III/Art.13
EN semi-processed metals
FR métaux semi-traités
ES metales semitratados
RU полуготовые металлы
SH polupreradeni metali

601
DE Vorbereitungskommission
SRÜ XVII/Art.308
EN Preparatory Commission
FR Commission préparatoire
ES Comisión Preparatoria
RU Подготовительная комиссия
SH Pripremna komisija

602
DE Vorhaben befürwortende Institution
SRÜ XIII/Art.248
EN sponsoring institution of the project
FR institution qui patronne le projet
ES institución patrocinadora del proyecto
RU учреждение, под эгидой которого проводится проект
SH ustanova pod čijim će se okriljem obaviti istraživanje

603
DE Vorhaben der wissenschaftlichen Meeresforschung
SRÜ XIII/Art.250
EN marine scientific research projects
FR projets de recherche scientifique marine
ES proyectos de investigación científica marina
RU морские научно-исследовательские проекты
SH projekti naučnog istraživanja mora

604
DE vorläufige Maßnahmen
SRÜ XV/Art.290
EN provisional measures
FR mesures conservatoires
ES medidas provisionales
RU временные меры
SH privremene mere

605
DE Vorrang von Antragstellern
SRÜ Anl.III/Art.10
EN priority among applicants
FR priorité accordée à certains demandeurs
ES prioridad de ciertos solicitantes
RU приоритет среди заявителей
SH prvenstvo među podnosiocima zahteva

606
DE Vorrechte und Immunitäten
SRÜ XI/Art.177
EN privileges and immunities
FR privilèges et immunités
ES privilegios e inmunidades
RU привилегии и иммунитеты
SH povlastice i izuzeća

607
DE vorsätzlich schwere Verschmutzung
SRÜ II/Art.19
EN wilful and serious pollution
FR pollution délibérée et grave
ES contaminación intencional y grave
RU преднамеренное и серьезное загрязнение
SH namerno i ozbiljno zagađenje

608
DE Vorschriften (der Behörde)
SRÜ XI/Art.161
EN regulations (of the Authority)
FR règlements (de l'Autorité)
ES reglamentos (de la Autoridad)
RU правила (Органа)
SH propisi (Vlasti)

609
DE Vorschriften über Bewirtschaftung (der lebenden Ressourcen)
SRÜ XV/Art.297
EN management regulations (with respect to living resources)
FR règlements en matière de gestion (des ressources biologiques)
ES reglamentos de administración (de los recursos vivos)
RU правила по управлению (живыми ресурсами)
SH propisi o gazdovanju (živim bogatstvima)

610
DE Vorschriften über Erhaltung (der lebenden Ressourcen)
SRÜ XV/Art.297
EN conservation regulations (with respect to living resources)
FR règlements en matière de conservation (des ressources biologiques)
ES reglamentos de conservación (de los recursos vivos)
RU правила по охранению (живых ресурсов)
SH propisi o očuvanju (živih bogatstava)

611
DE Vorsitzender (der Vergleichskommission)
SRÜ Anl.V/Art.3
EN chairman (of the conciliation commission)
FR président (de la commission de conciliation)
ES presidente (de la comisión de conciliación)
RU председатель (согласительной комиссии)
SH predsedavajući (komisije za mirenje)

612
DE Vorsitzender (des Verwaltungsrats)
SRÜ Anl.IV/Art.6
EN Chairman (of the Governing Board)
FR Président (du Conseil d'administration)
ES Presidente (de la Junta Directiva)
RU Председатель (Правления)
SH predsednik (Upravnog odbora)

613
DE Vorverfahren
SRÜ XV/Art.294
EN preliminary proceedings
FR procédures préliminaires
ES procedimiento preliminar
RU предварительные процедуры
SH prethodni postupci

614
DE Vorzugsrechte
SRÜ XI/Art.149
EN preferential rights
FR droits préférentiels
ES derechos preferentes
RU преференциальные права
SH prednost u pravima

615
DE Wahrnehmung der Aufgaben und Verantwortlichkeiten
SRÜ XIV/Art.278
EN discharge of functions and responsibilities
FR acquitter des fonctions et des responsabilités
ES cumplimiento de los funciones y responsabilidades
RU выполнение функций и обязательств
SH uspešno obavljanje funkcija i udovoljavanje odgovornostima

616
DE Wal
(Familie Physeteridae; Familie Balaenopteridae; Familie Balaenidae; Familie Eschrichtiidae; Familie Monodontidae; Familie Ziphiidae; Familie Delphinidae)
SRÜ Anl.I
EN cetacean
FR cétacé (baleine et marsouin)
ES cetáceo (ballena y focena)
RU китообразный (кит и дельфин)
SH kit

617
DE wandernde Fische
SRÜ V/Art.67
EN migrating fish
FR poissons migrateurs
ES peces migratorios
RU мигрирующие рыбы
SH migratorne ribe

618
DE Wassertiefenlinie
SRÜ VI/Art.76
EN isobath
FR isobathe
ES isóbata
RU изобата
SH izobata

619
DE Weigerung, sich dem Vergleichsverfahren zu unterwerfen
SRÜ Anl.V/Art.12
EN failure to submit to conciliation
FR refus de se soumettre à la procédure de conciliation
ES falta de sumisión al procedimiento de conciliación
RU отказ от передачи на урегулирование по согласительной процедуре
SH propust da se podvrgne mirenju

620
DE Weißer Thunfisch
(Thunnus alalunga)
SRÜ Anl.I
EN albacore tuna
FR thon blanc germon
ES atún blanco
RU длинноперый тунец
SH tunj dugoperajni

621
DE weit wandernde Arten
SRÜ V/Art.64
EN highly migratory species
FR grands migrateurs
ES especies altamente migratorias
RU далеко мигрирующие виды
SH veoma migracione vrste

622
DE Weitergabe von Technologie
SRÜ XI/Art.144
EN transfer of technology
FR transfert des techniques
ES transmisión de tecnología
RU передача технологии
SH prenos tehnologije

623
DE weltweite Programme
SRÜ XII/Art.200
EN global programmes
FR programmes mondiaux
ES programas mundiales
RU всемирные программы
SH opšti programi

624
DE weltweite Regeln aufstellen
SRÜ XII/Art.207
EN establish global rules, to
FR adopter des règles au plan mondial
ES establecer reglas de carácter mundial
RU установить глобальные нормы
SH utvrditi opšta pravila

625
DE wirksame Weitergabe von Meerestechnologie
SRÜ XIV/Art.269
EN effective transfer of marine technology
FR transfert effectif de techniques marines
ES efectiva transmisión de tecnología marina
RU эффективная передача морской технологии
SH efikasno prenošenje morske tehnologije

626
DE wirtschaftliche Anpassung erleichternde Maßnahmen
SRÜ XI/Art.151
EN measures of economic adjustment assistance
FR mesures d'assistance à faciliter l'ajustement économique
ES medidas de asistencia para el reajuste económico
RU меры, содействующие приспособлению экономики
SH pomoć u privrednom prilagođavanju

627
DE wissenschaftliche Forschungsanlagen
SRÜ XIII/Art.260
EN scientific research installations
FR installations de recherche scientifique
ES instalaciones de investigación científica
RU научно-исследовательские установки
SH naučno-istraživački uređaji

628
DE wissenschaftliche Gutachten
SRÜ Anl.II/Art.3
EN scientific advice
FR avis scientifiques
ES asesoramiento científico
RU научные консультации
SH naučni saveti

629
DE wissenschaftliche Kriterien
SRÜ XII/Art.201
EN scientific criteria
FR critères scientifiques
ES criterios científicos
RU научные критерии
SH naučni kriterijumi

630
DE wissenschaftliche Meeresforschung
SRÜ XI/Art.143/Art.245
EN marine scientific research
FR recherche scientifique marine
ES investigación científica marina
RU морские научные исследования
SH naučno istraživanje mora

631
DE wissenschaftliche und technische Hilfe
SRÜ XII/Art.202
EN scientific and technical assistance
FR assistance dans les domaines de la science et de la technique
ES asistencia científica y técnica
RU научная и техническая помощь
SH naučna i tehnička pomoć

632
DE Zeugnisse
SRÜ XII/Art.217
EN certificates
FR certificats
ES certificados
RU свидетельства
SH isprave

633
DE Zollerleichterungen
SRÜ X/Art.128
EN customs facilities
FR facilités douanières
ES facilidades aduaneras
RU таможенные льготы
SH carinske olakšice

634
DE Zuführung fremder oder neuer Arten
SRÜ XII/Art.196
EN introduction of species, alien or new
FR introduction d'espèces étrangères ou nouvelles
ES introducción de especies extrañas o nuevas
RU введение видов организмов, чуждых или новых
SH uvođenje stranih ili novih vrsta

635
DE Zugang zum Gerichtshof
SRÜ Anl.VI/Art.20
EN access to the Tribunal
FR accès au Tribunal
ES acceso al Tribunal
RU доступ в Трибунал
SH pristup Sudu

636
DE zulässige Fangmenge
SRÜ V/Art.61
EN allowable catch
FR volume admissible des captures
ES captura permisible
RU допустимый улов
SH dopustivo korišćenje

637
DE zurechenbarer Nettoertrag
SRÜ Anl.III/Art.13
EN attributable net proceeds
FR recettes nettes imputables
ES ingresos netos imputables
RU чистые поступления от разработки
SH odgovarajući čisti prihod

638
DE Zurückhalten fremder Schiffe
SRÜ V/Art.73
EN detention of foreign vessels
FR immobilisation de navires étrangers
ES retención de buques extranjeros
RU задержание иностранных судов
SH zadržavanje stranih brodova

639
DE zurückhaltender Staat
SRÜ XV/Art.292
EN detaining State
FR Etat qui a procédé à l'immobilisation ou à l'arrestation
ES Estado que haya procedido a la retención
RU задерживающее государство
SH država koja je izvršila zadržavanje

640
DE Zuständigkeit (der Vergleichskommission)
SRÜ Anl.V/Art.13
EN competence (of the conciliation commission)
FR compétence (de la commission de conciliation)
ES competencia (de la comisión de conciliación)
RU компетенция (согласительной комиссии)
SH nadležnost (komisije za mirenje)

641
DE Zuständigkeit (des Gerichtshofs)
SRÜ Anl.VI/Art.21
EN jurisdiction (of the Tribunal)
FR compétence (du Tribunal)
ES competencia (del Tribunal)
RU компетенция (Трибунала)
SH nadležnost (Suda)

642
DE Zustellung des Berichts (der Vergleichskommission)
SRÜ Anl.V/Art.8
EN transmission of the report (of the conciliation commission)
FR communication du rapport (de la commission de conciliation)
ES transmitir el informe (de la comisión de conciliación)
RU препровождение доклада (согласительной комиссии)
SH predaja izveštaja (komisije za mirenje)

643
DE Zustimmung versagen
SRÜ XIII/Art.252
EN withhold consent, to
FR refuser son consentement
ES rehusar su consentimiento
RU отказываться в своем согласии
SH uskraćivati pristanak

644
DE Zwischenstaatliche Ozeanographische Kommission (der UNESCO)
SRÜ Anl.II/Art.3
EN Intergovernmental Oceanographic Commission (of UNESCO)
FR Commission océanographique intergouvernementale (de l'Unesco)
ES Comisión Oceanográfica Intergubernamental (de la UNESCO)
RU Межправительственная океанографическая комиссия (ЮНЕСКО)
SH Međuvladina okeanografska komisija (UNESCO-a)

Index Deutsch

Index Englisch

Index Französisch

Index Spanisch

Index Russisch

Index Serbokroatisch

Bei Fragen zur Produktsicherheit wenden Sie sich bitte an:
If you have any questions regarding product safety,
please contact:

Walter de Gruyter GmbH
Genthiner Straße 13
10785 Berlin
productsafety@degruyterbrill.com